포스트모던 시대의

문화콘텐츠와 체험문화

민웅기 저

기문사
KIMOONSA
www.kimoonsa.co.kr

머리말

현대사회의 특징을 일컫는 다양한 개념 중 최근 사람들 사이에서 주목받고 있는 용어로 문화콘텐츠(culture contents)가 있다. 본격적인 대중 소비사회의 확산을 통해 우리의 일상생활 영역에서 나타나는 유 · 무형의 상품과 서비스의 새로운 시장 형성 과정에 대해 사람들이 주목하고 있는 것이다. 바로 그 변화의 한 가운데 문화콘텐츠가 자리를 잡고 있다.

문화콘텐츠를 연구하게 되면 상당히 복잡한 학문적 논의를 낳을 수밖에 없다. 그 이유는 원래 '문화(culture)' 라는 용어에 내재해 있는 복잡하고 다의적인 개념 규정 때문이기도 하며, 그 개념이 다양한 학문 분야의 응용연구 주제로 논의되면서 하나의 '콘텐츠(contents)' 로서 이론적 · 실용적 내용을 다수 포함할 수밖에 없기 때문일 것이다. 더군다나 문화콘텐츠 연구가 제대로 이루어지기 위해서는 단순하게 그 하위 상품 · 서비스 영역을 범주화하는 연구에 한정되어서는 안 된다. 또한 문화콘텐츠를 생산하고 소비하는 경제체계를 중심으로만 고찰해서도 안 된다. 문화콘텐츠의 종합적 연구를 위해서는 생산 및 소비를 둘러싼 인간의 심리적 효용성을 증대시켜주는 문화 구조까지 함께 연구해야 하는 까닭에 그 연구의 범위와 깊이를 단순한 하나의 잣대로 규정하는 것이 쉽지 않은 것이다.

문화콘텐츠를 연구할 때에는 개인 또는 집단 등의 문화콘텐츠 생산 및 소비 행위의 주체가 사회라는 구조적 환경에 대응하는 과정에서 보이는 의식과 행동의 특징을 논의하는 것에서 시작할 필요가 있다. 또한 문화콘텐츠의 확산을 주도한 사회구조적 성격을 지닌 문화체계와 개별 문화콘텐츠 간 상호관계를 살피는 과정 역시 요구된다. 문화콘텐츠 향유과정에서 나타나는 한 개인의 주관적인 심리상태와 체험과정은 물론, 기능적인 사회적 조건들에 대한 동시적 연구를 통해서 문화콘텐츠를 둘러싼 복잡한 상호작용과 특징들을 폭넓게 살펴볼 수 있을 것이다.

현재 문화콘텐츠 연구를 위해 인문학, 사회과학, 자연과학 분야에서 활발한 학문적 논의가 이루어지고 있다. 문화콘텐츠와 관련된 문제해결 및 지식획득 과정에 대한 연구와 함께 문화콘텐츠 현상에 내재된 규칙성을 일반화시키는 연구의 이론적 틀을 천천히 구축하고 있는 것이다. 이러한 연구들은 창의적 문화콘텐츠 자원을 도출하는 인문학적 연구, 문화콘텐츠를 둘러싼 다양한 사회질서와 인간의 관계에 대한 폭넓은 논의를 시도하는 사회과학 연구, 문화콘텐츠의 구체적인 과학기술적 구현과정을 연구하는 자연과학적 연구로 다시 분기, 융합하는 논의 과정을 반복하고 있다. 문화콘텐츠의 융합연구과정은 사회구성원들로 하여금 문화콘텐츠에 내재된 근원적 본질을 보다 설득력 있는 명제로서 분석할 수 있도록 도와준다.

지금까지 진행되어 온 문화콘텐츠 관련 연구 대부분은 문화산업의 현황과 하위 산업군 범주에 대한 개별 연구에 초점이 맞추어져 논의가 이루어져 왔다는 점을 부인하기는 어려울 것이다. 그러다 보니 문화콘텐츠를 생산, 소비하는 인간행위자의 의식적 관점이나 문화콘텐츠의 확산 과정에 내재된 다양한 사회구조적 질서에 대한 고찰이 다소 미흡했던 것이 사실이다. 실제 포스트모던 사회에서 운영되고 있는 문화콘텐츠는 생산, 유통, 소비 활동을 하는 인간과 거시적인 사회구조의 상호작용을 통해 현재의 위상을 지니게 되었다.

이 책에서는 포스트모던 시대를 맞이하여 전통적인 문화콘텐츠의 주요 연구라고 할 수 있는 문화콘텐츠의 각 하위범주에 대한 내용뿐만 아니라 문화콘텐츠로 실현되는 체험문화를 둘러싼 인간과 사회 환경적 측면을 전반적으로 함께 고찰하고자 했다. 또한 광범위한 문화콘텐츠와 관련된 개별 하위 영역에 대한 학습을 위해 필요한 포괄적 지식체계를 담으려고 노력했다 그 과정에서 포스트모던 사회에서 확산하고 있는 문화콘텐츠의 개념 및 특성의 규정, 생산 및 소비 동향, 마케팅 과정, 체험문화의 실현과정인 문화콘텐츠의 생산 · 유통 · 소비 과정에 내재한 다양한 사회문화적 의미까지 함께 개괄적으로 다루었다. 최근 나타나고 있는 본격적인 포스트모던 사회의 흐름 속에서 문화콘텐츠에 대한 융합적인 지식체계를 폭넓게 학습하는데 이 책의 내용이 작은 도움이 될 수 있기를 바란다.

2021년 봄을 기다리며

민 웅 기

차례

7장
문화콘텐츠산업의 개괄적 범주 • 151

8장
다문화사회의 문화콘텐츠 • 175

9장
성찰적 여가향유수단으로서의 문화콘텐츠 • 203

【참고】 본서는 아래와 같은 원칙에 의해 구성함

- 본서 내용에 대한 인용 출처는 책 마지막 부분에 기술(記述)한 참고문헌 목록에 정리함
- 본서 내용 중 일부는 저자의 선행연구 내용이 포함되어 있으며, 그 내용 출처는 참고문헌 목록에 정리함

01

포스트모던 사회와 문화콘텐츠

포스트모던
시 대 의
문화콘텐츠와
체 험 문 화

1장

포스트모던 사회와 문화콘텐츠

1. 인간, 문화, 문화콘텐츠

1) 인간과 문화의 관계

인간은 다양한 사회 환경 속에서 생활하는 문화적 구성체로서 존재한다. 하나의 문화권에서 인간과 사회의 관계는 독립적이면서도 통합적인 성격을 지니고 있다. 인간이 살아가는 문화권에서 그들은 사회화 과정을 통하여 사회의 질서에 적응할 수 있도록 각자의 개성을 맞추어 간다(한규석, 2002). 지금까지 사회구성원의 행동과 사회 환경과의 관계에 대한 많은 연구가 진행되어왔다. 그 과정에서 파생된 오랜 학문의 논쟁거리는 사회구조의 영향력과 인간 행위자의 능동성이 지니고 있는 복잡다단한 문제일 것이다(Gusfield & Michalowicz, 1984). 일찍이 문화를 둘러싼 거시적 사회구조와 미시적 행위자 간 관계의 상호작용을 연구한 부르디외(P. Bourdieu)는 인간의 실천행위가 사회질서와 역사를 만든다고 논하면서도 거시적인 사회문화적 구조라 할 수 있는 장(field)이라는 실체가 인간의 행위를 결정하는 양식에도 주목했다. 그리고 인간 행위와 관계하는 거대한 실체적 성향체계를 가리켜 '아비투스(habitus)'라고 명명하고, 바로 그러한 체계화된 구조를 통해 영향을 받는 인간 행동에 주목했다. 아비투스란 어떤 한 존재를 유지시키는 다양한 조건과 양식들이 생산해 낸 지속적이면서 변화 가능한 성향들의 체계를 의미한다. 아비투스는 특정 환경에 의해 형성된 성향, 사고, 행동체계를 총체적으로 의미하며, 특정 계급 구성원들의 사회문화적 위치에 따라서 이 같은 공유된 의미나 행동 특성이 나타나게 된다. 즉 아비투스는 사람들의 실천적 행위를 구체화하는 구조이자, 동시에 그 사람들의 행위적 산물인 것이다(Bourdeu, 1995; Kane, 1996).

예를 들어서 어떤 사람이 어릴 적부터 음악에 대한 지식이 많은 부모님으로부터 태어나서 계속 클래식 음악을 듣는 환경 속에서 생활했다고 가정하자. 그러면 그 사람은 계속된 클래식 음악을 듣는 유년 시절을 겪으면서 자연스럽게 그 음악의 좋은 점에 대해서 교육을 받게 되고, 무의식적인 사회화를 통해 그 음악을 좋아하게 될 수 있다. 그럴 경우, 이 같은 구조화된 무의적인 습관화된 성향 자체가 바로 아비투스가 되는 것이다. 일반적으로 교육행위 등은 지속적으로 아비투스를 생산하는 과정을 독려하게 되는데, 계속해서 문화적 자의성이 인간에게 투영 및 형성되는 과정이 나타나게 된다. 그리고 사람들은 기계적 법칙을 그

대로 따르는 자동부품과 같은 존재가 아니라 복합적인 상황에서 아비투스라는 체화된 원칙을 표현하는 능동적 존재가 되기도 한다(Bourdieu, 1995).

이처럼 사회질서와의 교호작용을 통해 생활하는 인간은 생태계와 관련하여 주어진 자연환경에서 적절한 생존방식을 발전시켜 나간다. 이 과정에서 사람들은 공통적인 행위와 사고를 형성하게 되는데, 우리는 이를 가리켜 문화(culture)라고 한다. 인간은 신체를 가진 생물학적 존재이자 사회 환경 속에서 삶을 영위하는 문화적 구성체이다. 문화 속에서 살아가는 인간의 다양한 활동들은 그들이 지니고 있는 생활상의 여러 가지 목표로부터 큰 영향을 받는다. 이 목표는 개인이 지닌 감정적인 내적 충동에 의해서 정해지기도 하지만 상당 부분에 있어서 사회적으로 구성되어 사람들에게 내재화되기도 한다. 인간의 행동을 이끌고, 강도를 조정하며, 방향성을 이끌어주기도 하는 것이 문화가 될 수 있다. 또한 인간의 실존적 존재로서의 욕구와 성향은 다시 다양한 사회 환경 속 독특한 문화적 환경을 만들고 구조화시키는 역할을 하게 된다. 이처럼 인간과 문화는 서로가 서로에게 영향을 주면서 밀접한 관계를 맺게 된다.

2) 문화의 개념

인간 삶의 주요 도구이자 구조로서 함께 작용하고 있는 문화는 그 개념이 다의적으로 해석 될 수 있다. 이 같은 이유로 지금까지 문화는 다양한 관점에서 연구가 진행되어왔다. 문화에 관한 분석은 법칙을 탐색하는 분석적 과학으로서의 성격은 물론, 의미를 탐색하는 해석적 과학으로서의 정체성을 모두 지니고 있다. 오늘날 명명되는 문화의 개념은 역사적으로 다양한 논의 과정을 거쳐 정착된 복잡다단한 개념이다. 과거 단순한 교양으로서의 가치가 내재되어 있었던 문화개념으로부터, 생활양식의 총체로서 명명된 포괄적 개념의 문화의 시대를 거쳐, 융합적인 사회적 산물을 연결해주는 소통으로서의 문화개념에 이르기까지 그 각각의 연구 과정과 개념의 변천과정은 복잡하다. 이 같은 연구의 변천 과정 속에서 나타난 분화된 문화 개념을 살펴보면 다음과 같다.

첫째, 교양으로서의 문화개념이다. 문화는 사회의 개념과 함께 인간이 꾸준히 연구해온 주제이다. 고전적 유산의 일부로서 로마 단어인 cultura와 societas는 유럽의 학술 언어인 라틴어 속에서 약 2천년 동안 거의 변화하지 않는 상태로 견고하게 생존해왔다. 그러던 중 1800년대 경, 이 두 단어는 근대사회 등장과 함께 연구의 새로운 핵심개념으로 등장하게 된다. 이 과정은 문화와 환경이라는 개념이 연구 과정에서 함께 출현하게 되었다는 중요한 시대적 의미가 숨어있다(Tenbruck, 1989). 문화라는 단어는 영어권에서 '경작하다, 양육하다' 라는 의미를 내포하고 있으며, 이 개념이 점차 인간 정신과 관련된 추상적인 성격을 띠게 된 것은 16세기경으로 추정된다. 그리고 최근에 이르기까지 문화는 인간의 정신 가운데 세련되고 일정한 유형을 지닌 정제된 의식을 지칭하는 개념으로 사람들에게 불리고 있다(원용진, 1996).

문화의 개념은 현대사회에서 일반적으로 통용되고 있는 의미로 해석해보면, 교양으로서의 개념에서부터 그 역사가 시작했다고 볼 수 있다. 이와 관련하여 윌리엄스(R. Williams)는 시대가 변화함에 따라 문화의 개념이 점차 고급스럽고 교양 있는 지배계급적 의미의 산물로서 사람들에게 인식되어왔다고 생각했다. 더 나아가 음악, 문학, 회화, 조각, 연극, 철학, 역사의 개념이 더해짐으로써 점차 그 의미 개념이 확장되었다고 보았다(Williams, 1983). 하지만 이 같은 문화 개념은 결국 고급, 저급 문화로 나누어지는 계급 문화적 갈등을 유발시켜 교양 있는 고급문화를 누리지 못하는 계층은 질적으로 낮은 문화를 누리는 대중으로 사람들에게 규정되는 현상을 야기했다. 일반 대중은 지배 계급과는 달리, 세련되고 순화된 인간 정신을 함양하지 못하고 있다는 사회 인식을 확산시킨 것이다.

문화에 대해서 특정 지식체계이자 이성과 신의 의미를 더욱 면밀하게 사고하게 됨으로써 인간적인 완벽에 이르게 하는 것이라고 명명한 아놀드(M. Arnold) 학파의 논의(Arnold, 1960), 사회는 수많은 집단들이 지니고 있는 다양한 문화들로 구성되어 있지만 그 문화의 다양성을 넘어서는 공통된 질서는 결국 엘리트적인 문화일 가능성이 높을 것이라고 주장한 엘리엇(T. S. Eliot)의 논의(Eliot, 1948), 문화는 늘 소수에 의해 유지되어 왔으며, 공통된 문화적 가치를 지킬 수 있는 계급의 역할을 강조한 리비스(F. R. Leavis)의 논의(Leavis, 1930) 역시 모두 교양으로서의 문화 개념 정의와 같은 사회적 맥락에서 표출된 주장들이었다고 볼 수 있다. 추후에 이러한 인간 정신과 관련된 교양으로서의 문화 개념은 문화의 다양성을 인정하려는 여러 가지 개념 연구로 나누어지게 된다.

둘째, 문화의 개념이 생활양식으로서의 문화라는 광범위한 연구주제로 활용되기도 했다. 문화가 인간 삶의 총체적 방식(a whole way of life)이라는 의미로 확대하여 연구되어 온 것이다(원용진, 1996). 당시의 문화적 무질서를 염려하고, 그 문제를 해결하고자 하는 맥락에서 그러한 연구가 진행된 것이다. 이 개념적 정의는 물질적 · 비물질적인 것을 막론한 인간활동의 총체라는 문화의 포괄적 개념으로의 보편적 인식에 근간을 제공해 주는 계기를 마련해주었다(Tylor, 1958). 단순하게 사회상위계층의 교양 있는 그 무엇인가를 문화 개념으로 한정짓는 것에서 벗어나 다양한 계층의 문화를 인정하는 문화의 존재가치가 본격적으로 발현하기 시작한 것이다. 요컨대 한 사회에서 문화의 다의성이 인정되는 연구 과정이 시작된 것이다. 이 같은 개념 정의는 사회의 주류문화에 의해서만 일방적으로 형성된 문화적 적합성(cultural congruence) 정도와 문화적 공유도(cultural sharedness)가 약화됨을 의미하며, 문화 개념의 하위 범주의 수가 수없이 분화됨을 암시한다(김문조, 2007). 결국 이 포괄적 의미의 문화 개념은 후일 포스트모더니즘 시대에 연구되는 새로운 문화의 의미를 탄생시킨다. 모더니즘에 의해 구분된 교양 없는 대중문화와 그것과 구별되는 교양 있는 고급문화 사이의 경계를 전복시키는 새로운 절충주의의 가능성이 제시된 것이다(Kellner, 1988).

셋째, 문화는 하나의 소통 도구로서의 개념으로 연구되기도 했다. 최근 인간과 문화를 둘러싼 다양한 사회 환경 변화들은 문화향유과정에서 문화 주체(문화향유자)의 자율성 정도와 문화

객체(문화활동의 대상, 문화상품)의 생산 및 소비 현상을 상승시켰다(Tenbruck, 1989). 이 같은 시대의 흐름 속에서 어떤 의미를 창조하는 인간의 원초적인 의사소통 능력은 그들을 문화적 존재로서 특징짓기에 충분하다. 현대사회에는 의미 있는 행위들의 복잡한 소통체계가 존재한다. 지금 포스트모던 시대의 문화에 내재한 두드러진 특징 중 하나는 복잡한 환경의 관계망 속에서 사람들이 스스로 정체성(identity)을 구하려는 시도를 한다는 점이다.

자유롭게 상호작용하고 의사소통하는 과정 속에서 사람들은 그들의 공동가치인 생활 스타일과 신념, 지향점을 구성해 간다. 하나의 문화는 외계의 다양한 환경에 의미를 부여하기도 하고, 이해할 수 있는 다양한 행위들을 통해 스스로 이를 해석하고 개념을 규정한다. 주체적인 사회구성원의 행위와 이를 해석하는 문화적 사건, 그리고 다양한 맥락 등의 문화적 기호군이 합쳐질 때 문화는 그 의미를 발현하게 된다. 그리고 그러한 과정 속에서 기존의 문화 개념을 넘어선 소통으로서의 문화적 의미가 탄생하게 된 것이다. 이와 관련하여 기어츠(C. Geertz)는 문화에 내재한 개념이 단순히 사회통합을 보장하기 위한 단조로운 메커니즘이 아니라 사회생활의 능동적이고 구성적인 특성을 지니고 있음을 주장했다. 또한 문화가 사람들이 주변 세계를 인지적 차원에서 뿐만 아니라 정서적 차원에서도 유의미한 것으로 만드는데 필요한 상징적 원형을 제공한다고 보았다. 문화를 그 해석이 필요한 기호, 상징, 신화, 관습 등으로 이루어진 복잡한 구성물로 이해한 것이다(Geertz, 1975).

포스트모던 시대의 문화개념은 생활양식의 총체라는 단순한 삶의 개념에서 보다 복잡한 형태의 다의적 문화 개념으로 변모하고 있다. 과거에 존재한 일정한 환경적 구조와 개별 요소들의 다양한 구성적 속성이 교차하는 융합적 형성 과정을 거치고 있다. 거시적인 문화체계의 질서는 오늘날 인간이 새로운 문화콘텐츠 산업군에 대한 접촉기회를 촉진하는데 중요한 역할을 하고 있는 것이다.

3) 문화콘텐츠의 의미와 가치

지금까지 살펴본 문화개념의 변천 과정을 통해 오늘날 소통으로서의 문화적 특성을 가장 잘 표현해주는 사회적 산물 중 하나가 문화콘텐츠(culture contents)이다. 다양한 문화산업을 통해 표현되고 있는 문화콘텐츠들은 사회 환경이 지닌 인간에 대한 영향력과 인간 행위 속에 내재되어 있는 문화적 특성 사이의 상대적 자율성(relative autonomy)의 확보를 가능하게 해주는 중요한 역할을 한다. 문화콘텐츠는 문화산업이나 문화주체의 문화활동을 통해 생겨난 부호 · 문자 · 도형 · 색채 · 음성 · 음향 · 이미지 · 영상 등의 자료 또는 정보를 의미한다. 다양한 문화적 산물들에 의해 나타나는 내용의 창작물뿐만 아니라 그 창착물을 이용하여 재생산된 모든 가공물, 창작물의 수집 · 가공을 통해서 상품화된 결과물들을 포함하는 개념이다(한국콘텐츠진흥원, 2003). 좀 더 구체적으로 말하면 인간의 감성, 창의력, 상상력을 원천으로 하여 문화적 요소가 체화되어 경제적 가치를 창출하는 문화상품인 영화, 게임, 애니메이션, 방송, 음반, 캐릭터, 공연 등을 총칭하기도 한다. 문화콘텐츠는 온-오프라인 매체에서 인간이 지적 · 정서적으로 향유하는 모든 종류의 콘텐츠로 확대되어 해석 가능하다.

한편 여기서 말하는 콘텐츠(contents)란 부호, 문자, 음성, 음향 및 영상 등의 자료나 정보를 포함하며 인간의 사고와 감정을 표현한 내용물로서 문자, 소리, 화상 등의 형태로 표현된 생산물을 의미한다. 그리고 콘텐츠와 관련하여 저작권을 주장할 수 있으며, 제도적으로 인정받고 보호받는 콘텐츠는 정보통신기술 등을 통해 소비자에게 생산, 전달, 유통되기도 한다(김영순 외, 2010). 즉 콘텐츠가 가진 특성이 앞서 언급한 문화의 개념과 결합하여 매체의 영향력을 통해 상품으로 제조되어 창작, 개발, 제작, 유통 과정을 통해 하나의 시스템으로 구조화된 환경을 문화콘텐츠 시장이라고 할 수 있다.

문화콘텐츠는 문화수용자인 인간에게 기본적인 욕구에 기인한 새로운 소비문화를 주입하고 있다. 문화콘텐츠에 근간을 둔 행위자의 소비문화는 그들의 활동을 통해 일상문화를 넘어서는 새로운 문화구조의 형성을 설명해준다. 과거에는 다양한 산업기제들에 의해 운영되는 각종 문화콘텐츠들을 두고 다양한 이해관계의 복잡한 결과로 해석한 문화 생산론(production of culture theorist)적 논의가 주목받기도 했다(Peterson, 1976). 현대사회에서 다양한 매체에 의해 생산된 생산물을 받아들이는 문화 수용자의 입장에서는 수많은 문화정보들 중에서 동일한 것을 선택할 확률이 낮을 뿐만 아니라 각자 특화된 취향집단들로 분화되는 경향을 당연하게 생각하게 된다(Griswold, 1994a, 1994b). 반면 리처(G. Ritzer)는 획일화된 세계화의 영향으로 국제사회가 동형화, 동질화된 문화 구조로 재편될 가능성 역시 높다는 반대 주장을 펼치기도 했다(Ritzer, 1999). 이처럼 문화콘텐츠의 생산과 소비 과정에 대한 각기 다른 입장들이 많은 연구 성과물로 증명되기도 했다.

지금까지 살펴본 문화에 대한 이론적 논의들은 문화콘텐츠 연구 영역에서도 적용된다. 현대사회에서 인간의 소비문화적 특성은 문화콘텐츠 활동 영역에 많은 영향을 미쳤고, 사람들 사이의 상호의존의 망을 급속히 전개시켜 복합적인 연결 관계의 정도가 높아졌다(Tomlinson, 1999). 오늘날 여러 가지 문화콘텐츠들은 소통 개념을 확장시켜 문화활동의 주체(subject)와 객체(objective) 간 긴밀한 결합을 가능하게 하는 간주관적(intersubjective) 문화를 창출하기에 이른다. 현대사회의 일상 공간에서 문화 간 소통과 그 소통 과정에서의 성찰(reflexivity)이 중요한 것은 바로 일상생활로의 새로운 문화콘텐츠가 확산된 현대사회의 환경 변화와 일맥상통한다고 볼 수 있다(Giddens, 1990; Lash, 2004). 이 같은 환경 변화를 통해 인간과 환경의 혼종(hybrid)적 문화 범주를 연계시켜주는 것이 문화콘텐츠의 주요 기능 중 하나라고 볼 수 있다(이무용, 2005).

일상생활에서의 문화콘텐츠들은 인간과 사회를 둘러싼 의사소통 과정에서 끊임없이 탄생한다. 특히 문화콘텐츠의 체험에 대한 사회과학적 고찰은 여러 가지 점에서 중요한 의의를 지닌다. 개인과 집단이라는 행위 주체가 사회라는 구조적 환경에 대응하는 과정과 그 행동을 유발하는 문화의 구조적 · 도구적 영향력을 살피는 것은 인간활동의 본원적 의미를 사고한다는 측면에서 중요하다. 이미 현대사회에서 인간 여가활동의 주요 도구로서의 다양한 문화콘텐츠들은 인간 삶을 투영하는 문화적 구현방식을 내포하고 있다. 그 속에는 전통과 현대, 가치와 행동, 관습과 변화, 학습과 놀이 등 다양한 삶의 요소들이 하나의 생활양식으로 자리하고 있다. 그 뿐만 아니라 문화콘텐츠는 사람들이 살아오면서 창조해낸 의례적 생활을 더욱 풍성하게 만들고, 사회구성원들의 삶의 질을 긍정적으로 구성하는데 중요한 역할을 한다. 이처럼 문화콘텐츠들의 체험을 통해 사회구성원들은 그들의 다양한 욕구를 충족하고 있다.

2. 문화콘텐츠 소비의 사회

지금까지 살펴본 문화의 개념에 근거할 때 문화콘텐츠는 현대사회의 전형적인 의사소통 행위의 도구이자 목적이 될 수 있다. 실제로 본격적인 포스트모던 사회를 맞이하여 문화콘텐츠는 인간 삶의 질을 높이는 수단으로서, 사회구성원들의 문화적 상호작용을 위한 하나의 의미로서, 그리고 체험을 통한 소비를 위한 재화나 서비스로서 새로운 가치를 창출하고 있다.

최근 본격적으로 연구되고 있는 삶의 질에 대한 많은 논의에서 알 수 있듯이, 현대사회는 생산 중심의 사회에서 소비 중심의 사회로의 급속한 전환이 이루어지고 있다(Baudrillard, 1992). 이 같은 시대적 변화와 맞물려 문화에 대한 소비 담론은 현재도 끊임없이 제기되고 있다. 현대사회에서 소비되는 각종 소비재는 문화를 재생산하고 표상하고 조작하기 위한 핵심도구로 규정되어 왔다(McCracken, 1990). 그러므로 많은 연구자들이 이 소비와 관련하여 단순한 구매행위를 넘어 그 과정을 둘러싸고 있는 각종 문화적 영향력과 행위자의 경험, 선택, 사회관계에 관심을 가질 수밖에 없다. 소비는 물질적 생산으로부터 문화적 · 금융적 가치를 추출해낸다. 소비는 자본 투자와 제품 생산의 세계화 과정 중에 특정한 결과를 만들어낸다. 소비의 사회적 의미는 그러한 경로를 고찰하는 것에서 연구되고 있다(Zukin, 1990).

이 같은 소비 중심의 사회에서 간과해서는 안 될 점은 개인들이 단순한 구매 상품으로부터 만족을 추구하기보다는 그 상품에 결부된 '의미'에서 추출된 자기 환상적 경험으로부터 일정한 쾌락을 추구한다는 점이다. 그러한 환상은 소비자의 체험 욕구에 따라 스스로 선택적으로 구성할 수 있다. 소비의 본질적 활동은 통상적으로 제품의 선택, 구매, 사용순으로 일정한 경로를 유지하는데, 이를 넘어서 상품 이미지 그 자체에 부여하는 상상적인 가치의 추구로 이어지기도 한다. 현실 소비는 인간의 의식적 쾌락의 추구로 나타난 행동의 결과적 산물이라 할 수 있다. 사람들이 상품을 구매해서 그 상품을 직접 사용하는 것에서 만족을 얻을 때도 있지만, 그 상품을 사기 위해 겪게 되는 일련의 계획과 구매 과정들, 그리고 의미부여 과정 속에서 또 다른 만족감을 느끼기도 한다. 단순한 물질적 재화 소비 못지않게 문화의 소비가 현대사회의 중요한 사회적 쟁점으로 떠오르게 된 것도 이러한 인간 실존의 감성 때문이다.

소비의 사회에 내재한 특성을 반영하듯 이제 문화콘텐츠를 향유하는 행동은 인간의 여가활동으로 자리 잡고 있다. 문화콘텐츠 소비활동을 지탱하는 핵심적인 문화적 영향력은 체험경제의 소비시장으로의 진입이라는 시대적 맥락 속에서 더욱 강화되었다. 산업사회에서의 소비가 소유물의 소비였다면, 현재 소비의 특징은 체험의 소비라고 규정할 수 있다(Rifkin, 2001; Schutz, 1972). 인간 성찰 과정에는 체험이 중요한 영향력을 미친다(Layton, 2006; Schutz, 1972; Turner, 1997). 체험에 기반을 둔 문화적 구성에 의해서 사람들은 삶에 창조적인 의미를 부여한다.

앞서 부르디외가 말한 행위자들에게 영향을 미치는 문화구조와 그러한 문화구조에 의해 파생된 사람들의 행위 전략은 사회 구성원들의 생활양식(life style)과 밀접한 관련을 맺는다. 사회 구성원의 생활양식 중의 한 하위 부문인 소비생활의 현대적 특성을 언급한 학자로 캠벨(C. Campbell)이 있다. 캠벨은 사람들의 욕망을 자극하고 자각하게 만드는 감성주의적 생활방식인 소비에 내재된 기본 동기를 사람들이 상상 속에서 이미 맛본 즐거운 생각을 경험하고자 하는 욕망이라고 규정했다. 그리고 각각의 새로운 소비상품은 그러한 인간의 열망을 실현해 줄 가능성을 제공하는 구체적인 실체로 파악했다. 또한 소비의 본질은 제품의 선택, 구매, 사용이 아니라 제품 이미지가 그 자체에 부여하는 상상적인 쾌락추구이며, 현실의 소비는 대체적으로 정신적 쾌락주의의 한 결과라고 주장하기도 했다(Campbell, 1987). 캠벨의 학문적 고찰은 일상생활 속에서 나타나는 인간 소비가 우리의 원천적인 감정이입의 욕구와 관련되어 있음을 알려주었다. 이 같은 이론적 논의는 단순한 상품 교환가치에 의한 인간 소비의 의미를 넘어서 문화상품의 소비이유와 그 과정을 적절하게 설명해준다.

소비행위는 사회구성원들이 그들 정신세계의 유지를 위해 자신을 포함하고 있는 사회와 관계를 맺게 되는 상호작용의 결과이다. 따라서 사람들의 문화콘텐츠 소비에 대한 심층적 분석에 이러한 이론적 맥락들을 적용할 수 있어야 한다. 포스트모던 사회에서의 문화콘텐츠 소비자들은 어떤 상황에 직면하여 무엇인가를 체험하기 위하여 공유된 가정, 관점, 지식, 사회적 협력을 사용한다. 인간들은 일상생활에서 창조적 능력을 통해 사회에 영향을 미치는 자신들의 영향력을 스스로 느낀다. 그와 동시에 그 과정에서 형성되는 태도, 행동, 자아, 정체성 등은 한 사회의 공유된 의미체계와 구조, 가치들의 집합으로부터 영향을 받게 된다. 바로 그 영향력이 행위자가 속한 사회의 문화인 것이다. 또한 감정이입에 의한 상품소비에 대한 열망은 단순한 교환가치를 넘어선 상품 소비의 본질에 대해서 적절하게 설명해주게 된다.

문화는 여러 가지 사고방식, 행위와 연결시켜 생각할 수 있으며, 최근의 문화나 소비 연구의 근저에는 의미(meaning) 자체를 표현하는 문화콘텐츠 소비의 특성까지 포함되어 있다(류정아, 2005). 문화콘텐츠의 생산과 소비 과정에 대한 이해는 사회구성원들의 소비 내에 내재된 문화의 구조적 동태성의 속성 파악 역시 가능하게 해준다. 문화콘텐츠의 생산자 및 소비자에게 관여하고 있는 다양한 사회적 실체들은 문화적으로 구성된 세계 자체가 될 수 있다. 이 경험의 세계는 사람들 개개인의 감각, 의식, 사고에 강력한 영향력을 행사한다. 개인적 경험의 집단적 해석을 가능하게 해주는 문화적 구조는 인간 개인행위와 사회질서를 중재해주는 의미구성을 유도한다. 이렇게 구성된 의미구조에 대한 인간의 접촉은 상징(symbol)으로부터 시작된다. 상징은 일반화된 의미를 표현하고 사회와 개인을 이해하기 위한 카테고리를 제공해주는 일종의 기호이다. 기호를 통해 표현된 의미는 인간 각자의 생각에 따라 자의적으로 해석 가능하다(Kane, 1996). 그러한 기호의 형태로 구체적으로 표출된 문화콘텐츠들을 인간은 욕구와 상황에 맞게 스스로 선택하게 된다.

한편 기호화된 소비대상으로서의 문화콘텐츠는 차별적 교제(differential association)라고 불리는 문화접촉을 통한 협상과정에 따라 인간에게 다른 의미를 부여한다. 특히 문화적 형식들이 다른 개인들과 집단들에게 전파되는 현상은 참여자들의 네트워크를 통해서 가속화되는 경향이 있다. 구성된 문화콘텐츠 소비가 이루어지는 상황들은 일종의 아비투스(habitus)로서 인간에게 작용한다. 이 아비투스는 사회세계의 구조들이 내면화되어 나타난 산물이라고 할 수 있다. 결국 그러한 행동을 취하는 것은 인간이 그들 스스로 속한 하위문화와의 동일시 과정에 의존함을 뜻한다(Hall & Neitz, 1993). 따라서 아비투스의 형성은 교육과 같은 사회화 과정과 밀접한 관련이 있는 것이다.

인간은 한번 구성된 문화콘텐츠 소비자의 태도를 통해 새로운 문화적 시 · 공간들을 그들 행위자들의 상황규정에 맞게 새롭게 범주화시키는 경향이 있다. 시 · 공간과 현실세계를 조직하는 구별의 체계들은 세계상을 확립하여 문화의 특정한 의미를 사람들에게 부여하는 것이다. 행위자는 새롭게 조직되고 구별된 세계를 다시 상황규정하고 적절한 재화와 소비재를 합리적으로 선택한다. 그렇게 구성된 의미는 다시 문화콘텐츠 소비 과정을 통해 사회 환경 영역에서 사회구성원들을 만족시킨다. 문화콘텐츠 소비에 있어서 이 과정이 반복되는 것이다.

문화콘텐츠는 인간 체험과 관련된 환경과의 관계 속에서 항상 불확실성(indeterminacy)을 지니고 있다. 언제 어떤 방식으로 문화콘텐츠가 확장될지 또는 소멸될지 아무도 정확하게 알 수 없다. 대부분 사회 환경의 상황적 요인이 매개되어 결정되는 경우가 많기 때문이다. 문화콘텐츠산업의 불확실성 역시 이 같은 맥락에서 나타난 개념이라 할 수 있다. 콘텐츠 재화는 인간의 욕구를 만족시키는 소비 과정에서 매우 선택적(elective)이라는 특징을 지닌다. 인간은 이 같은 문화적 산물에 대한 차별적 접촉, 선택, 그리고 의미구조의 공유를 통해서 그들 스스로 다른 사회적 실체와는 구별되는 자아정체성(self identity)을 확보하게 된다. 일찍이 휴이트(J. P. Hewitt)는 정체성을 '어떤 사회적 위치이며, 타인들에게 타당하게 받아들여지는 참여의 권리 또는 실제적 성취이자 세계에 대한 적응을 촉진시키는 지식의 형태'라고 개념화했다. '나 자신(myself)', '자기 자신이 추구하는 것(seeking one)'과 같은 상황을 초월하는 순수한 개인의 욕구는 인간의 정체성을 결정하는데 중요한 역할을 한다(Hewitt, 2001).

이 같은 의미에서 문화콘텐츠 소비는 인간이 자아정체성을 확보하는 과정에서 중요한 기능을 수행한다. 이 과정은 사회구성원들의 적극적인 성찰성의 해석과 관련되어 있다. 문화콘텐츠 소비로 확보되는 적극적인 정체성 확보 노력은 단순한 쾌락을 넘어 자신이 어떤 인간으로 생존하고 있는가를 스스로에게 증명해주기도 한다. 문화콘텐츠 소비자의 꾸준한 체험 욕구는 문화콘텐츠 생산자가 끊임없이 소비자 욕구를 둔감하지 않게 만들어야 하는 이유를 제공해준다. 자본주의 사회에서 문화콘텐츠 소비 과정에서 선택을 받는 입장의 생산자들은 자본 축적을 위해서 불특정한 다수의 콘텐츠 중 자신이 생산하고 공급한 상품이 소비자에게 무사히 전달될 수 있도록 끊임없이 노력해야 한다. 그리고 이 치열한 마케팅 전략은 단순한 정보 제공을 넘어서 수많은 상징들을 문화콘텐츠 소비자에게 내재시켜 빠르고 지속적인 반응을 유도한다. 따라서 문화콘텐츠 소비자들은 유통과정에서 나타나는 치밀한 자본의 전략에 주체적으로 대응하여 진정으로 원하는 의미를 선택할 수 있는 비판적 사고가 필요하다. 이 성찰적 사고는 다양한 감시, 통제, 왜곡의 가정들에 입각해 스스로의 선택에 의심을 품어보는 자기 감시를 의미하기도 한다.

이처럼 문화콘텐츠의 소비는 인간 개인의 성찰적 소비로 이어지게 된다. 최근 포스트모던 사회에서의 이 같은 소비적 특징은 전통의 쇠퇴를 수반하고 개인화 과정을 촉진한다(Beck &

Beck-Gernsheim, 2002). 문화콘텐츠 소비 과정은 체험과 관련된 삶의 질 문제와 깊은 연관성이 있다(최연구, 2006). 마찬가지로 문화콘텐츠를 둘러싼 다양한 매체들은 문화콘텐츠가 지닌 진정성과 상품화의 상반된 사회적 쟁점을 부각시킨다. 상품화된 소비 및 구매로 인해 소비자들은 자신의 소비활동의 의미와 진정성을 항상 위협받고 있다. 이는 자본주의 사회에서 문화를 상품화하여 마케팅하는 문화콘텐츠산업의 내면적 특징에서 비롯된 쟁점이라고 할 수 있다. 하나의 상품으로 자원화된 문화콘텐츠들을 소비하는 것에 과연 진정한 인본주의적 체험이라는 것이 존재하는가라는 의문을 제기할 수 있다. 상업적 성격을 지닌 문화콘텐츠의 본질이 인본주의적 가치에 기반을 둔 사유의 기초토대를 침식시킨다는 부정적 견해도 있지만, 반면에 문화 자체가 정적인 상태로만 머물지 않게 되고, 경제영역과의 통합을 통해 인간의 문화적 기반을 재창조하고 재구성한다는 긍정적인 논의도 존재하고 있다. 이처럼 경제와 문화 영역의 활발한 융합적 기제로서 등장한 문화콘텐츠들은 일상적인 삶을 벗어나고자 하는 집단들을 구성하는 새로운 시장 분할의 촉진을 가져왔다. 체험소비의 산업화과정을 통해 추상적 영역에 머물러있었던 시공간성 개념이 구체적인 문화콘텐츠 소비자의 문화적 구성물인 사고방식으로 환원 · 재구성되고 있는 것이다.

이처럼 융합과 해체의 반복된 사회질서 변화를 속성으로 하는 포스트모던 시대에서는 문화콘텐츠를 자신의 삶을 위해 생산 · 소비할 수 있는 능력을 갖추는 것이 중요하다. 콘텐츠 소비 주체로서 사회구성원들이 지니고 있는 자유의지는 결국 소비자 주권 개념을 탄생시켰고, 이것은 사회에 대한 가장 영향력 있는 능력 중 하나라고 할 수 있다. 현대사회에서의 자유는 자본에 의한 일방적인 사회 독식 논리와는 달리 소비자가 개인이 가진 고유의 욕구, 욕망, 정체성 등에 대해 지배권을 갖는다는 것을 의미한다. 자유주의의 기본적 가치와 목표는 개인의 자유이며, 개인이 자기 이해를 규정하고 추구할 수 있는 기본적인 사회조건을 확보하는 것이다. 이 같은 자유주의 전통에서 다양한 형태로 분기하는 개인은 사회권위의 인정에 대한 대가로 자유를 보장받게 된다(Turner, 1997). 그럼에도 불구하고 오랜 역사적 사실을 통해 살펴보면 사람들의 사적 영역인 일상 여가활동은 여러 가지 사회구조의 요인으로 제약을 받거나 억압되기도 했다.

최근 포스트모던 사회를 맞이하여 인간 개인의 정체성 영역의 혁신 과정은 현대 문화콘텐츠의 생산, 유통, 소비를 통해 더욱 분명하게 추진되고 있다. 사람들은 문화콘텐츠 소비의 현상학적 사고방법을 통해 끊임없는 정체성의 정치를 지속시켜 나간다. 따라서 문화콘텐츠에 대한 학술적 논의는 인간의 본질에 대한 연구에서 시작하여 인간 외부에 현존하는 사회 환경과 인간의 주체적 역량 간 상호작용에 대한 연구로 이어져야 한다.

02

융합사회에서의 문화콘텐츠: 생산 및 소비 동향

포스트모던
시 대 의
문화콘텐츠와
체 험 문 화

2장

융합사회에서의 문화콘텐츠: 생산 및 소비 동향

1. 세계화의 질서와 새로운 문화콘텐츠의 기능

현대사회의 질서는 문화 및 금융자본의 세계화라는 사회체계의 거시적인 구조적 특징을 중심으로 재편되고 있다. 이 두 가지 현상은 다양한 문화콘텐츠의 확산에 중요한 기능을 담당했다. 그러한 변화 과정에서 문화콘텐츠를 생산하고 소비하는 주체와 대상 간 다양한 관계망이 형성되고 있다. 문화의 개념은 복잡다단하며, 인간과 사회의 관계망을 매개하는 현실로 사람들에게 다가간다(민웅기, 김남조, 2009). 문화와 금융자본의 세계화 현상은 그 전개 과정에서 그간 문화콘텐츠 향유공간으로서 규정되어왔던 사회 환경의 범위를 변화시켰다. 노동시장의 유연화 현상에 따른 신자유주의 경제의 폐해로 인간이 여러 가지 사회문화적 압력을 받는 것을 부인하기 어렵지만, 다른 한편 인간의 삶의 질을 확보하는데 이 세계화의 질서가 긍정적인 기능을 수행하고 있다.

새롭게 재편되는 세계화의 질서는 소위 4차 산업혁명으로 명명되는 융합사회로의 전환에 영향을 주고 있다. 그 동안 하나의 생활 지침이 되었던 문화가 새로운 문화에 의해 변형되고, 새롭게 우리의 선택 과정을 재구성하게 된다면 기존의 문화가 향유되었던 사회질서 전체에 변화가 나타나게 된다. 따라서 현대 문화의 특징을 이야기할 때 문화의 다양화 및 파편화 현상을 무시하고, 일방적인 결합의 원리로만 귀결된다고 규정하는 것은 바람직하지 못하다(Warnier, 2000). 단순히 하나로 뭉쳐지는 질서만 있는 것이 아니라 문화전파에 따른 다양한 사례를 낳고 있는 복합적인 현상인 것이다. 융합사회로의 전환은 개인적 수준에서 나타나는 것이 아니라 다분히 사회적 · 집단적 수준에서 외현되고 있다. 동일한 공간에서 생활하더라도 그 공간 내 주류문화에 의한 집단적인 구분은 주류문화와 다른 집단들에 대한 구별과 차별을 만들어낼 수 있다. 그리고 그 과정에서 새롭게 창조된 다양한 문화콘텐츠들이 사회구성원들에게 영향을 주고 있는 것이다. 문화콘텐츠는 사회질서를 하나로 뭉치기도 하고, 구별짓기의 원리를 통해 그들의 삶의 영역을 파편화시키기도 하는 혼융적 상황을 야기한다.

통상적으로 지금까지 문화콘텐츠를 논의할 때 사람들은 산업적 측면의 상품 논리로만 해석하고 연구하는 경향이 있었다. 하지만 이 상품화 및 서비스화의 이면에는 앞서 말한 문화와 금융

자본의 세계화라는 거시적 사회질서가 선행하여 인간에게 영향을 주고 있는 것이다. 그리고 그 과정에서 파편화와 혼융화의 융합적 기제들이 복잡다단하게 얽혀 있으며, 문화콘텐츠의 확산은 이문화(異文化)의 교류 과정에 기능적으로 작용하게 되었다. 문화콘텐츠의 생산 및 소비 과정에서 자연스럽게 산업적 및 구성원 간 인적 교류 등이 나타나고, 한편으로 여러 가지 사회문제 역시 표출되고 있다. 융합적 사회질서로 인해 기존 사회질서의 정체성을 지속하기 위한 노력, 무비판적인 내부 순응질서를 희석시키는 원리, 그리고 새로운 문화에 적응하기 위한 사회구성원들 간 갈등 질서가 모두 자연스럽게 문화콘텐츠 체험을 매개로 발생하게 된다.

세계화의 사회적 상황에서는 문화콘텐츠를 둘러싼 사회구성원 간 관계를 살펴볼 때, 단순히 대면적 만남을 통한 시 · 공간 속으로 한정해서는 안 된다. 우리가 현대사회의 특징 중 하나를 네트워크 사회로 규정하는 근본 이유는 인터넷 등의 새로운 정보매체가 일상적 커뮤니케이션의 수단으로 작용하게 되고, 활발한 시민사회의 존립을 가능하게 하는 유용한 도구적 수단이 되고 있기 때문이다.

최근의 개인 간 교류는 뉴미디어에 의해 새롭게 채색되고 있다. 그리고 문화콘텐츠 자원에 대한 교류에 있어서도 시대적 변화가 나타나고 있다. 세계화는 세계 공동체를 구성하는 사회구성원들 간 상호의존성(interdependence)과 상호연관성(interconnectedness) 수준에서 나타나는 관계망의 강화 현상으로 개념화 할 수 있다(Robertson, 1992). 결국 문화와 금융자본의 세계화는 세계의 제도들, 즉 이미 존재하는 영역의 구조들과 접근 가능한 대상의 재현물들로 이루어진 형식들에 변화를 일으킨다. 이 같은 과정을 통해 인간은 다양한 외부 환경과의 상호의존성이 증가하게 된다. 물질적, 의식적 연대의 강화로 세계공동체는 상호작용을 하면서 존재하기 때문이다.

정보네트워크를 통한 문화콘텐츠의 보편적 확산 현상은 국가간 관계를 넘어서는 시장 및 시민 간 상호작용의 강화현상을 유도했다. 세계화를 통한 개인과 집단 간 상호작용의 강화는 다시 의사소통 네트워크를 공고하게 만든다. 문화콘텐츠 구성을 통해 시민들의 삶이 일상의 삶의 공간 영역뿐만 아니라 가상현실에까지 들어감으로써 인간 생활의 시·공간 제약요인들이 상당부분 해결되었다. 이처럼 융합사회에서는 소위 전통적인 농경사회나 산업사회와는 다른 시민들의 삶이 혼재되어 있다. 대표적인 현상으로 정보네트워크 공간에서의 문화콘텐츠를 매개로 한 소위 여가공동체가 출현하게 되었다. 동일한 또는 유사한 기호(嗜好)에 의해 연결된 문화콘텐츠 기반 여가공동체는 전통적 의미의 공동체가 지닌 기본적인 성격이 내재해 있으면서 동시에 원자화된 개인 욕구의 중요성 역시 함축되어 있는 것이다. 과거 전통적 공동체주의자들은 '자유주의'의 사상적 흐름이 지나치게 개인의 권리와 자유에만 신경을 쓰고 있다고 보았다. 그들은 자유주의가 공동선과 유대, 미덕과 헌신, 자아 함양 등과 같은 가치를 무시하고 있으며, 자아구성의 문제를 다루는데 있어서 사회문화적 맥락의 중요성을 간과한 자아, 즉 탈맥락화된 자아개념에 의존하고 있다고 비판한다(정책기획위원회, 2002; MacIntyre, 1987; Rawls, 1975).

이러한 논의에 근거한다면 공동체적 삶의 개념은 기본적으로 자유주의라는 사상적 배경을 안고 발달되어 온 시민사회의 특성에 정면으로 위배될 수도 있다. 그럼에도 불구하고 현대사회의 여러 공동체 문화들은 과거 인간 개인의 권리를 존중한 시민사회의 영역과 비교하여 그 구조 모형이나 기능에 있어 유사한 모습을 보이는 경우가 많다. 4차 산업혁명 시대의 네트워크 내에 존재하는 공동체 문화의 시민사회적 속성을 가리켜 신(新)공동체문화라고 명명할 수 있다. 최근 온-오프라인을 연계하는 문화콘텐츠 기반 공동체의 구성원들은 서로 다양한 개성과 이해관계를 인정해주며, 느슨한 형태의 결합으로 묶인 조직을 갖추기 위해서 주체적으로 노력한다. 공동체 내의 자아의 자율성, 자유 및 권리 등과 같은 관념들을 긍정적으로 수용하며, '공동체적인 것과 개인적인 것', '개인의 권리와 책임', '공동체의 통제 질서와 개인의 자율성' 등과 같은 이항 대립적인 개념들이 변증법적 과정을 통해 합쳐지는 현상이 나타나고 있는 것이다(정책기획위원회, 2002). 그리고 바로 이 자유주의, 공동체 문화 등의 원활한 연계적 문화의 정착을 위한 매개 역할을 문화콘텐츠가 담당하고 있다. 더불어 사람들의 기호와 욕구에 의해서 분화되고 있는 문화콘텐츠를 활용한 여가공동체는 네트워크 체계 내 정보교환에 의해 확장되고 있다. 일반 대중들의 관계성에 근거한 커뮤니케이션과 그것의 공공성에 시민사회적 가치가 내재해 있는 것이다.

과거 모더니즘 사상이 지배한 근대사회에서는 노동이 인간생활의 중심에 있었다. 진보이데올로기가 사회를 지배했고, 현재보다 더 나은 미래를 예상하고 현재를 희생해야만 하는 사회질서가 인간을 지배했다. 하지만 최근 포스트모던 사회를 맞이하여 노동 못지않게 여가 역시 중요한 삶의 구성 요소로 사람들이 인식하기 시작했고, 이 같은 과정 속에서 문화콘텐츠의 소비활동이 활성화되기 시작했다.

근대사회의 성격이 생산자와 소비자가 분리되어 제품과 서비스의 공급자와 수요자가 명확하게 구분된 사회였다면, 포스트모던 사회에서는 소비자가 곧 문화콘텐츠의 생산자가 될 수 있고, 그 반대의 경우도 될 수 있는 유연한 사회가 도래했다. 누구나 자신만의 문화콘텐츠를 통해 네트워크를 수단으로 온라인 다중채널을 활용한 개별적 문화콘텐츠를 제공할 수 있게 되었다. 최근 유튜브(YouTube) 등의 다양한 매체를 통한 문화콘텐츠의 생산, 유통, 소비 과정은 이러한 특성을 잘 설명해준다. 문화콘텐츠 생산자가 대중매체를 통해 독점적 문화콘텐츠로 위계구조화되어 소비자에게 일방향적으로 흘러들어간 모더니즘 사회의 생산, 유통 흐름과는 확연하게 구별된다고 할 수 있다.

이처럼 포스트모던 사회는 문화콘텐츠 패러다임이 생산 및 소비문화의 변화와 함께 대중적 특징의 문화콘텐츠의 굴레를 벗어난 새로운 의도적 · 선택적 특성을 지닌 대안적 문화콘텐츠의 위상을 보여주고 있다. 그리고 이 대안적 문화콘텐츠 패러다임은 과거 모더니즘 사회에서 대규모로 이루어진 지배시장의 범위를 더욱 세분화시켜 소규모이며, 개별적으로 분산화된 형태로 창조되고 있다. 대량생산 · 대량소비가 지배한 물질화된 시장 상품의 가치가 탈물질화된 문화소비를 만족시키는 무형의 서비스 측면으로 확대되고 있는 것이다.

2. 문화콘텐츠의 생산과 소비를 둘러싼 새로운 패러다임

융합사회에서 문화콘텐츠들은 다양한 사회문화적 영향력들의 결합 속에서 하나의 사회적 사실로서 확산하고 있다. 포스트모던 사회를 맞이하여 문화콘텐츠의 생산과 소비를 둘러싼 새로운 패러다임의 변용 과정을 정리하면 [그림 1]과 같다.

[그림 1] 포스트모던 사회의 문화콘텐츠 패러다임의 변용(變容)

과거 생산성, 효율성 등의 가치가 사회를 지배한 근대사회에서는 노동 중심의 사회였기 때문에 특수한 직업군에 속한 사람만이 문화콘텐츠 생산을 할 수 있었다. 그리고 정보를 독점한 문화콘텐츠 생산자가 일방향적으로 배분하는 콘텐츠를 소비자들은 선택의 여지없이 받아들여야 했고, 그 연결 역할을 대중매체가 담당했다. 그러다보니 문화콘텐츠는 많은 사람들의 기호에 맞춘 보편적 성격을 지닐 수밖에 없었다.

하지만 본격적인 포스트모던 사회로의 진입을 맞이하여 미래의 삶을 위해 현재 열심히 노동해야 한다는 미래지향적 삶에 변화가 나타나기 시작했다. 노동 못지않게 현실의 삶에서 추구하는 여가문화가 사람들에게 인식되고 있으며, 콘텐츠 소비자 스스로가 특수한 기호를 만족시키는 개인화된 문화콘텐츠를 생산할 수 있는 사회가 되었다. 그리고 정보네트워크 체계에 의해서 문화콘텐츠 생산자와 소비자가 지속적으로 상호의사소통할 수 있게 되었고, 인터넷 등을 활용한 다중 채널의 기술적 구조가 마련되어 문화콘텐츠는 더욱 빠른 속도로 사회구성원들의 삶에 유입되기 시작했다.

현재 이 같은 문화콘텐츠 패러다임의 변용시대를 맞이하여 사람들은 일상의 속박된 활동을 극복하기 위해서 자유로운 탈출 시도를 하게 되었다. 그리고 이 새로운 삶은 노동과 여가의 두 가지 생활문화가 융합되는 소위 다중생활세계(multiple life-world)의 표현이라 할 수 있다(Cohen & Taylor, 1992). 일상생활 내 인간욕구의 한 범주라 할 수 있는 탈출 시도는 물리적인 측면에서 이루어지는 신체적 탈출과 함께 정신적 측면에서의 탈일상적 문화 향유까지를 포함하는 다양한 활동을 의미한다. 현재 여러 가지 형태로 소비자들에게 다가서고 있는 문화콘텐츠들은 이 같은 인간의 욕구를 반영한다. 왜냐하면 이 탈출 시도는 행동자체가 자기표현의 새로운 기회를 제공해주고, 의식 전환에 따르는 성찰적 사고를 하게 만들어준다(Giddens, 1991).

최근 진행되고 있는 현대사회의 정보혁명은 그동안 우리 삶의 근저에 자리 잡고 있던 산업사회의 생활방식을 변화시킴으로써 자유와 이탈을 꿈꾸는 개인 욕망을 실현시켰다. 정보통신기술의 변화는 분리된 일상적 삶의 결합을 유도했고, 관련 산업구조의 전반적인 운영방식에 변화를 가져왔다. 매체기술의 디지털화와 쌍방향 커뮤니케이션에 따른 경제 및 문화 체계의 세계화 현상은 인간의 일상생활 공간에 존재하는 활동 양태에 변화를 야기했다. 네트워크의 관계망은 수많은 문화콘텐츠의 생산과 유통, 보급 체계를 구조화시켰다. 미래사회에서 삶을 영위할 사회구성원들에게 정보네트워크 구조가 더욱 중요한 사회구성 패러다임으로 작용할 것이라고 예상하는 이유는 그것이 외재적 사회질서의 변화는 물론 가치와 관행 등 사회구성원들의 내재적 삶의 의미까지 바꾸는 변인으로 작용했기 때문이다.

주지하다시피 이미 네트워크는 문화콘텐츠의 생산, 유통, 소비 과정에서는 없어서는 안 될 중요한 사회적 자본(social capital)으로 작용하고 있다. 그리고 시·공간의 장벽 해소를 통해 문화콘텐츠 시장질서의 효율성에 중요한 역할을 담당하고 있다. 이 같은 기술적 변화가 융합사회의 문화콘텐츠를 둘러싼 생산 및 소비 구조의 새로운 패러다임 구현을 강하게 추동한 것이라고 볼 수 있다.

정보네트워크의 확산은 자연스럽게 인간 개인의 문화까지 변화시켰다. 포스트모던 사회의 수많은 분화와 연대의 질서 속에서 사회구성원들은 적절한 판단을 통해 반드시 무언가를 선택해야만 하는 상황들을 경험하고 있다. 이처럼 사람들의 의식과 행위에 있어서 개인화(individualization) 현상이 발현되고 있다(Beck et al., 2002). 복잡다단한 변화를 겪고 있는 시대에서 삶을 책임지는 것은 바로 자기 자신뿐이며, 어떤 사안에 대한 현명한 선택은 스스로의 자유의지에서 비롯되는 성찰성의 획득을 통해서 가능해진다. 이제 네트워크 질서는 현대를 살아가는 개인 일대기의 속성을 규정된 틀에서 점차 벗어나도록 유도하고 있다. 그 동안 사회를 지탱해왔던 다양한 가치관 중에서 중요 구성 요소였던 집단적 · 위계적 문화의 가치는 사회구조의 변동과정 속에서 변화하고 있다. 특정 공동체의 가치보다 각 개인의 기호와 욕구가 중요시되는 개별구성원 중심의 사회가 도래하고 있는 것이다.

이 시대에 복잡하게 표출 · 소통되는 문화콘텐츠들을 생산하는 자본의 입장에서는 성찰적 가치실현을 꿈꾸는 소비자에게 다가가기 위해 다양한 방법들을 강구하고 있다. 수많은 삶의 방식 중 하나를 선택하는 행위 속에 내재된 근본적인 의미 구성은 다른 사람과 공유하지 않는 '나만의' 특정 대상과 행위를 스스로 지정한 것에서 시작된다. 일찍이 벡과 벡-게른스하임(U. Beck & E. Beck-Gernsheim)은 이 같은 현대인의 선택(choice)적 능력을 일컫는 개념을 호모 옵션이즈(homo optionis)라고 명명하기도 했다(Beck et al., 2002). 요컨대 융합사회의 문화콘텐츠들은 인간의 선택적 능력을 만족시켜야 하는 새로운 패러다임의 변용을 실천하게 되었다. 시장 영역은 문화콘텐츠를 생산할 때 소비자의 개별화된 개별 의식들의 수요를 만족시켜야 하는 과제를 떠안게 된 것이다.

3. 체험형 융합문화콘텐츠의 등장: 특수목적관광 콘텐츠와 축제 콘텐츠

사람들이 선호하는 새로운 문화콘텐츠 패러다임의 주요 개념 중 하나로 체험문화를 꼽을 수 있다. 체험의 의미는 몸소 경험함으로써 어떤 외부의 자극에 노출된 사람이 그 자극에 반응하면서 마음이나 몸으로 느끼는 현상을 의미한다. 하지만 자극이 거듭 반복될수록 사람들이 느끼는 감흥의 정도는 점차 약화되기 마련이다. 따라서 종전의 느낌을 유지하기 위해서는 새롭거나 더 강한 자극을 필요로 하게 된다. 따라서 체험문화콘텐츠가 산업화 되는 과정에서는 항상 심리적 몰입이냐, 병리적 중독이냐를 두고 서로 다른 관점이 충돌하기도 한다.

최근 사이버 세계에서 가상현실(virtual reality : VR)이나 증강현실(augmented reality: AR) 등을 활용하여 현실이 아닌 콘텐츠를 실생활과 유사하게 구현하여 몰입감을 주고자 하는 문화콘텐츠들은 인간의 체험욕구가 잘 반영된 구현물이라고 할 수 있다. 현실과 비현실을 오고가면서 인간의 감각을 자극하는 문화콘텐츠가 다수 창조되고 있는 것이다. 현대의 문화콘텐츠 소비자들은 감각기관을 최대한 활용할 수 있고 시 · 공간 인식이 가미된 새로운 차원의 경험을 요구하고 있는 바, 그것이 바로 체험형 문화콘텐츠의 형태로 나타나게 되는 것이다. 차이를 체험할 수 있도록 도와주는 다양한 문화콘텐츠 자원이 포스트모던 시대의 새로운 융합적 소통 수단이 되고 있다(조광익, 2006).

포스트모던 사회에서는 여러 문화콘텐츠들이 다양한 탈일상적 활동을 통해 만족, 성취, 흥분, 휴식, 이완 등을 충분히 체험할 수 있도록 도와준다. 현대인들은 획일적인 사회조직에서 벗어나 충분한 개성과 자기표현의 체험을 맛보고자 노력한다. 그리고 이 과정에서 최근 주목받고 있는 융합문화콘텐츠 기반 체험형 활동이 바로 특수목적관광(special interest tourism : SIT)과 축제(festival)이다(민웅기, 2018a). 이 체험형 문화활동들은 인간의 자유, 선택, 삶의 만족, 탈출이라는 포스트모던 사회에서 추구하는 인간의 환상을 현실화시킨 문화콘텐츠의 실현과정이라고 볼 수 있다. 사람들은 문화콘텐츠를 향유하는 과정에서 집단보다는 개별적 활동을 선호하고, 직접 체험하고 이해하려는 심층적인 현지문화 접촉을 원하기 시작했다. 체험형 문화콘텐츠의 실현은 더 이상 일시적 향락이나 오락을 추구하는 낭비적이고 과시적인 여가활동이 아니다. 사회구성원 스스로가 색다른 지역에서 견문을 넓히고 이를 자기계발에 활용하려는 최상의 주체적 · 능동적인 융합형 여가활동의 전형이라 할 수 있다.

먼저 특수목적관광(SIT)을 통한 체험형 문화콘텐츠의 상품화는 최근 주목받고 있는 산업 영역이다. 과거에는 존재하지 않았던 인간의 문화적 욕구와 자본의 산업적 전략이 친화력을 갖고 만들어낸 현대사회의 대표적 관광유형의 하나이다. 세계관광기구(UNWTO)에서는 특수목적관광을 '특정 관심사를 개발하고자 특정한 주제와 관련된 지역 및 장소를 방문하는 관광객들의 전문화된 관광'으로 정의하였다. 푼(A. Poon)은 '여행목적지의 경제적 및 사회 환경적 필요와 관광객 욕구를 만족시키기 위해 일반화되지 않은 서비스를 경쟁력 있는 가격으로 대규모 상품화시킨 것' 이라고 정의하였으며, 리드(S. E. Read)는 '특정지역이나 목적지에서 추구할 수 있는 특별한 관심을 가지고 하는 관광으로 관광목적지의 독특한 환경과 관광객의 특별한 관심분야에 대한 적극적인 활동' 으로서 정의하였다(진병렬, 2006; Poon, 1997; Read, 1980; UNWTO, 1985b). 대부분의 특수목적 관광객들에게 방문 지역에서 제공돼야 하는 문화콘텐츠는 신기성이 내재해 있어야 한다(이경모, 2005; Dowling, 1993).

특수목적관광을 통한 융합형 문화콘텐츠의 체험은 개인 중심의 정교한 문화적 지각과 소비, 자연과 다른 문화에 대한 체험욕구 확대 등에 기인한 관광자의 행동 변화 때문에 발생하는 현상이다. 관광자들의 욕구변화에 맞게 점점 관광의 특성 역시 체험형 문화콘텐츠 소비 형태로 그 정체성이 변화하고 있다. 관광자들은 제한된 시간 내에 최적의 체험을 제공하는 관광상품을 시장영역을 통해 소비하고자 한다. 체험문화콘텐츠 소비자들은 감정적인 자극을 추구하여 그들이 원하는 추상화된 기호 자체를 구매하고자 노력한다. 이들은 무형의 문화콘텐츠 품질을 직접 체험하고자 하며, 실제 관광행동 과정에서도 분위기와 심미적인 것을 추구한다. 문화콘텐츠산업을 주도하는 자본의 입장에서도 소비자에게 독점적으로 제공할 수 있는 체험 상품을 보유하고 있어야 판매에 있어 절대적인 경쟁우위를 확보할 수 있기 때문에 향후에도 체험문화의 상품화 현상은 가속화될 것으로 예상가능하다.

관광상품 개발에 있어 다른 지역이나 기업과 차별화될 수 있는 문화콘텐츠를 제공하는 것은 무엇보다 중요하다. 관광산업에서는 융합적 성격을 지닌 체험형 문화콘텐츠의 상품화가 산업화의 성패를 결정짓는 주요한 요인이 되고 있다. 체험은 감각으로 느끼는 어떤 대상을 실제로 보고 듣고 겪는 과정 속에서 얻는 지식이나 기능을 총체적으로 가리키는 말이다. 체험형 문화콘텐츠를 활용한 여행은 현장에서의 직접 경험뿐만 아니라 관광 행동의 사전, 사후 활동까지도 포함한다. 체험소비의 대상은 인간 생활의 모든 환경요소까지 포함되기 때문에 그 범위를 한정하기란 어렵다.

특정 컨셉의 관광 운영과정이 성공할지 여부를 알기 위해서는 소비자의 감각 기관이 어떻게 작동하고, 그들이 무엇을 알게 되는지, 그리고 그들의 감각을 자극하는 즐거움이 무엇인지를 파악하는 과업이 진행되어야 한다. 문화콘텐츠 소비자의 감정에 영향을 미치는 감성적인 자극을 통해 각 소비상품의 브랜드(brand) 가치는 강화되고 있다. 또한 상품화된 체험형 문화콘텐츠를 통해 사람들의 지적 요구를 자극하여 그들이 창의적으로 생각하게 만들고 있는 것이다. 다채로운 체험형 문화콘텐츠들은 관광자와 관광대상을 서로 엮는 새로운 관계의 형성을 지향한다. 문화콘텐츠 공급자와 소비자 모두 관광상품 브랜드와 관광자 간 사회적 연대가 형성되도록 브랜드 공동체 형성에 중점을 두고 행동하게 되는 것이다(이경숙, 2005). 문화콘텐츠를 두고 관광자와 시장 영역은 선택적 친화력을 지니고 결합하게 된다.

사회구성원들은 체험형 문화콘텐츠에 기반을 둔 특수목적관광을 통해 다양한 문화자원을 습득하게 된다. 전형적인 문화관광의 성격을 지니게 되는 것이다. 문화관광이란 '탐구여행, 예술문화여행, 축제 및 기타 문화예술행사 참여, 유적지 및 기념물 방문, 민속예술 연구여행, 성지순례 등 본질적으로 문화적 동기에 의한 인간들의 이동' 이라는 협의의 정의와 '개인의 문화수준을 향상시키고 새로운 지식이나 경험 · 만남을 증가시키는 등 인간의 다양한 욕구를 충족시킨다는 의미에서 타국이나 타지역의 생활양식이나 전통적 행동양식을 접하고 체험하는 것' 이라는 광의의 의미가 있다(홍창식, 1997; UNWTO, 1985a). 문화관광은 사람들의 삶을 더욱 풍요롭게 만들어준다. 문화관광의 주요 수단이 되는 체험형 문화콘텐츠를 통해 독특한 관광상품을 소비하는 사람들은 잊지 못할 감각이나 심리적 자극에 의해 마음이 움직이는 서비스를 수령하길 원한다. 그래서 사람들의 다양한 문화욕구를 충족시키기 위한 새로운 문화콘텐츠 개발이 수시로 이루어지고 있는 것이다. 다양한 형태의 문화적 형태와 인간의 욕구가 자본과 전략적 제휴관계를 형성하게 됨으로써 여러 가지 형태의 문화콘텐츠가 상품화되기에 이르렀다.

특수목적관광은 대중관광(mass tourism)의 반대개념으로 관광 종류의 스펙트럼에서 해당 범위를 설정할 수 있다. 특수목적관광은 일종의 대안관광의 한 유형으로서 대규모 소비자들에 대한 마케팅으로 이루어지는 대중관광과 다른 형태의 문화콘텐츠 체험과정으로 이루어진다. 이처럼 관광자가 추구하려고 하는 체험형 문화콘텐츠에는 다양한 인간의 욕구들이 숨어있다. 이 체험욕구에는 모험을 원하는 인간 의식이 내재해 있다. 모험을 추구하는 사람들의 심리적 몰입 단계가 오게 되면 그 과정에 자연스럽게 자본이 관여하게 된다. 그 결과물로서 특수목적관광을 실현하는 문화콘텐츠가 개발되는 것이다. 자본은 자연스럽게 일상생활에서 탈출할 수 있는 자연환경, 몰입할 수 있는 육체적·정신적 위기와 도전의식, 재미, 학습 등의 기회를 제공하게 된다. 교육관광, 테마파크 관광 등은 대표적인 특수목적관광이라 할 수 있다.

이처럼 오늘날 체험형 문화콘텐츠를 활용한 관광산업의 증가는 포스트모더니즘에 기반을 둔 시대적 흐름과 밀접한 관계가 있다(Rojek, 2000). 산업사회에서 이루어진 대부분의 관광행동 연구는 이를 하나의 보편적인 유형으로 동질화했다. 하지만 전술한 특수목적관광과 같은 관광유형은 관광경험, 관광동기, 관광환경에 있어서 관광자들의 다양성과 차이를 인정하는 것에서 그 연구가 시작될 수 있다. 오늘날에는 소규모의 집단적이고 개별화된 의미를 내포하는 관광의 새로운 패러다임이 등장하고 있다(Baudrillard, 1992; Maffesoli, 1997). 체험형 문화콘텐츠를 활용하는 특수목적관광은 포스트모던적 성격의 관광 추세를 잘 보여주는 새로운 유형의 문화콘텐츠산업의 예라고 할 수 있다.

한편 최근 우리 주변에서 흔히 보게 되는 '축제'를 통해서도 다양한 체험형 문화콘텐츠가 실현되고 있다. 축제 영역의 자본 침투는 체험형 문화콘텐츠의 산업화 및 소비화 현상을 보여주는 중요한 사례라고 할 수 있다(민웅기, 2018a). 축제는 일상의 영역에서 일탈하고자 하는 사람들의 욕구를 직접적으로 표현한 사회적 산물이다. 축제기간의 체험활동으로 다양한 문화콘텐츠를 접하게 되고 사회적 압박에 의한 일상생활에서의 심적 부담을 줄일 수 있다. 축제가 지닌 즐거움의 원천은 사회생활의 일상적인 규칙들을 위반하는 것을 허용하는 것에 있다. 포스트모던 사회에서 축제는 이 같은 일상적 문화를 탈피할 수 있는 다양한 문화콘텐츠를 제공하는 과정에서 더 확장되고 있다.

축제의 의미는 산업화 전략으로 특징지어지는 근대적 사회의 모습과 함께 포스트모던 사회에서 나타나는 인간욕구의 복합적 특징을 반영한다. 축제를 통한 탈일상적 문화콘텐츠 향유과정은 개인의 욕망과 쾌락을 지극히 개인주의적 관점에서 자극하게 된다. 이러한 변화는 문화콘텐츠 공급의 다양화를 수반하게 된다. 개인 중심적이고 유연한 문화콘텐츠 수요에 대응하기 위해서 소규모 전문여행사가 출현하고 관광목적지가 다변화되는 것은 이러한 현상의 사례라고 할 수 있다. 축제는 일상생활에서 사회구성원 간 긴장을 해소시켜 줌으로써 일상에서 체험하지 못했던 문화콘텐츠 향유의 권리와 평등에 관한 담론 제기까지 시도하게 만든다. 그리고 자본은 문화의 가치를 파악하여 이를 문화산업이라는 새로운 고부가가치적인 경제적 산물로 개발해 냈는데, 축제를 위해 기획된 문화관광, 생태관광 등은 그 대표적인 예라고 할 수 있다(민웅기, 2018a).

문명화된 삶에서 비롯된 인간본능의 억압은 사회구성원의 삶을 힘들게 할 때가 많다. 이 사회적 압박감에서 벗어나기 위해서 사회구성원들 그들만의 시간인 여가의 향유를 꿈꾼다(Rojek, 2000). 대부분의 사람들은 자신의 본능 억압이라는 힘이 스스로에게 가해질 때, 그 기본적인 사회적 요구에 일정한 저항을 하게 된다. 축제는 노동생활과 관련된 일상의 억압된 욕구를 분출시켜주는 비상구로서의 일정한 역할을 한다는 점에서 중요한 문화 행위이며, 동시에 탈일상적 문화콘텐츠의 산업화 현상을 잘 보여준다. 사람들은 이 문화콘텐츠를 체험하기 위하여 별도의 시간을 할애하여, 축제 체험의 시 · 공간으로 이동한다. 이제 축제는 전형적인 문화콘텐츠산업의 원형으로 발돋움하고 있다. 축제를 활용한 관광산업은 사람들로 하여금 자본이 제작한 유 · 무형의 문화콘텐츠를 소비하게끔 자연스럽게 유도한다. 축제를 활성화시키는 문화콘텐츠는 지역문화의 특수성을 보전하고, 부의 축적 및 재분배를 위해서 다양하게 개발되어야 한다.

지금까지 살펴본 바와 같이 사람들의 문화콘텐츠 체험 욕구는 시장에서 소비자로서의 취향과 밀접한 관련을 맺는다. 체험과 문화적 취향의 문제는 단순하게 문화영역에만 한정되지 않기 때문에, 자본과의 밀접한 상호작용을 통한 문화-자본 영역의 통합적 산물로서 등장하게 된 것이다. 융합사회에서의 체험형 문화콘텐츠를 주요 마케팅 수단으로 활용하는 특수목적관광과 축제는 문화 영역의 산업화 경향을 통찰할 수 있는 대표적인 인간활동 영역이다. 이처럼 체험욕구를 만족시키는 문화콘텐츠는 4차 산업혁명 시대의 문화산업화 과정에서 중요한 위상을 차지하고 있음에 틀림없다.

03

정보통신기술의 발달과 온라인 문화콘텐츠 소비의 의미

포스트모던
시 대 의
문화콘텐츠와
체 험 문 화

3장

정보통신기술의 발달과 온라인 문화콘텐츠 소비의 의미

1. 정보네트워크의 발달과 문화콘텐츠의 확산

본격적인 4차 산업혁명 시대를 맞이하여 정보네트워크 체계의 기술적 변화는 지난 수십 년간 정보문화의 사유화, 집중화, 통제 등의 사회문제를 완화시킬 수 있는 계기를 마련해주었다. 네트워크 공간에서 발생하는 문화콘텐츠를 둘러싼 생산, 유통, 소비의 질서는 시장이 지닌 자본축적의 속성 외에 인본주의적 가치를 고려하는 방향으로 진행되는 경우도 많아졌다. 사람들은 정보네트워크에 기반을 둔 가상공간에서의 문화콘텐츠를 향유하면서 삶의 질을 향상시키기 위한 소비자로서의 권리에 관심을 기울이게 된 것이다. 이제 사이버공간 내에서의 공통된 여가 기호의 공동체를 네트워크 기술체계에 의한 집단화의 결과물로만 파악하기보다 인간이 스스로 자신의 존재에 의미를 부여하고, 문화콘텐츠를 사회 환경에 부합하도록 창조해가는 사회구성적 관점에서 그 의미를 바라볼 필요가 있다.

정보네트워크의 발달은 나 이외의 타자와의 사회적 신뢰(social trust) 구축을 가능하게 했으며, 타인과의 교호작용 속에서 생성된 공공성의 질서는 사람들이 모두 중요하게 인식하는 가치가 되었다. 이와 관련하여 일찍이 포스터(M. Poster)가 말했듯이 대면적 대화로서 이루어지는 공공영역의 시대는 거의 소멸했다. 이제부터는 전자기기 및 시스템으로 매개되는 문화담론의 새로운 형식을 고려해야 한다. 현재 사이버공간에서 함께 논의하고 문제점에 대한 해결책을 찾아 가는 의사소통 영역이 더욱 확장되고 있다(Poster, 1998). 그리고 정보네트워크 공간에서 생산 · 유통되는 문화콘텐츠는 개인의 욕구를 충족하기 위한 자본의 전략을 구체적으로 담고 있는 문화적 실현체로서 인간의 욕구추구 성향을 적절하게 반영하기 시작했다. 더구나 문화콘텐츠에 기반을 둔 정보공동체는 온-오프라인을 연계하면서 사람들의 지속가능한 소비체계를 안정화시키게 되었다.

이처럼 시민이 주도하는 현대 정보네트워크의 기능적 속성은 관계성이라는 인간 사이에서 나타나는 내부 동학에 대한 의미부여 과정에서 논의되고 있다. 전통사회에서부터 현재의 정보사회에 이르기까지 네트워크라는 개념은 사회적 관계를 다루는 중요한 분석대상이 되어 왔다. 사전적 의미로 네트워크란 '적어도 세 가지 이상의 요소, 지점, 혹은 단위들을 연결시킨 것' 을 말한다

(van Dijk, 2002). 그리고 사회적 네트워크(social network)는 '사회구성원들이 연결되어 있는 관계망'을 의미한다. 이것은 사람들 간의 관계를 규정하는 네트워크의 양태를 의미하는 것이다. 네트워크는 상호작용 속에 포함되어있는 활동을 통해 다른 쪽의 상호관계를 결정하기도 한다. 바로 이 복잡한 관계성을 알기 위해서 많은 사회과학자들은 네트워크의 구체적인 특성 및 내부 동학을 연구하는 것이다(Nadel, 1957). 이러한 네트워크 사회에 대한 역사적 논의는 '문자 정보통신혁명 → 음성 및 영상 정보통신혁명'으로 이어지는 정보통신혁명 과정에 대한 고찰을 통해서 이루어져야 한다. 이 각 시대적 변동은 지역 중심의 사회, 경제, 정치의 운영방식에 변화를 유발했다. 지금에 와서는 의사소통 과정에서 시·공간의 제약이 급격하게 완화된 흐름의 사회로 새롭게 구조화시켰다(Castells, 1998).

오랫동안 사람들이 소비하는 문화콘텐츠의 확산에 중요한 기능을 담당했던 인터넷을 기초 도구로 활용하는 네트워크 혁명의 변화상은 우리 일상생활 주변 곳곳에서 목도(目睹)되고 있다. 현재 진행 중인 정보통신혁명으로 말미암아 본격적인 '사회 전방위 네트워크(ubiquitous network)' 시대가 태동한 것이다. 특히 정보통신기술의 발달은 현재 우리가 겪고 있는 세계화 시대의 일상생활 변화에 중요한 역할을 담당했다. 사회구성원들 간 상호작용 속에서의 효율성을 증대시켜 문화콘텐츠 생산 및 유통, 소비 과정에서 발생하는 비용을 감소시켰으며, 이 기술력을 근거로 운용되는 집약적 조정 공간의 필요성을 사람들에게 인식시키기도 했다. 한 사회가 사회조직 행위자 간의 다양한 이해관계와 유·무형의 자원을 조정하고 통합하며 원활히 유지하기 위해서는 현재 도래하고 있는 네트워크 사회의 특성을 다양한 관점에서 적용해 보아야 한다.

과거 인간의 커뮤니케이션은 동일한 시간과 장소에서 이루어졌다. 원격 커뮤니케이션이 구현되기 위해서는 상당 기간의 기술발전 과정이 필요했다. 이러한 이유로 사회구성원들의 하위문화가 갖는 이질적 속성은 인간 사회에 계속해서 존속해왔다. 하지만 텔레커뮤니케이션 혁명과 관련된 일련의 사건들은 사회 하부구조의 변화에 큰 파장을 일으켰다. 서로 다른 문화가 다른 형태로 동일한 사회에 존재할 수 있는 시간적 여유를 허용하지 않았다. 문화의 동형화, 동질화 현상이 나타난 것은 바로 이질적 문화의 존속을 허락하지 않고 표준화시키면서 자본의 확장을 꾀하고 있는 다국적·초국적 기업의 활동 때문이기도 하다. 지금 자신이 거주하는 이곳의 문화와 다른, 현재 지구 반대편에 있는 사회에서 나타나고 있는 새로운 문화콘텐츠를 어떠한 제약 없이 우리는 접속할 수 있다. 정보네크워크에 의한 커뮤니케이션의 기술적 도구를 기반으로 다국적·초국적 기업이 개발한 문화콘텐츠 제품, 서비스 목록에 이미 호기심을 가져올 콘텐츠가 포함되어 우리는 클릭(click) 한 번으로 그 새로운 문화콘텐츠에 접속하여 직접 체험할 수 있게 된 것이다.

지금까지 살펴본 바와 같은 커뮤니케이션 혁명을 가져온 정보매체기술의 역사를 살펴보면 오랜 기간 이루어진 사회적 산물임을 알 수 있다. 모스부호의 등장에 힘입어 발달한 전신(telegraph) 기술의 발달, 전화의 발명, 해저 케이블의 완성, 통신위성의 등장과 궤도 진입의 성공은 현재의 세계화된 정보네트워크 하드웨어 구조 창출에 일조를 하게 된다. 이 같은 정보통신기술의 변화는 인간의 네트워크 구조가 단선적 형태에서 통합적, 복합적, 연계적 구조로 변모하는 직접적 계기가 된다. 온라인 개념과 관련해서는 1960년 맥루한(M. McLuhan)에 의해 지구촌(global village)이라는 용어가 창안되었으며, 1984년 깁슨(W. Gibson)에 의해 사이버스페이스(cyberspace)라는 디지털 세계를 가리키는 용어가 만들어지게 된다(Harasim, 1997).

정보매체기술의 발달이 하드웨어(hardware)적 네트워크 체계의 안정적 구축을 가능하게 했으며, 사회구성원들은 그러한 탄탄한 하부구조에서 외현된 문화콘텐츠의 생산 및 소비 양식의 여러 가지 변화를 경험하게 되었다(Harasim, 1997). 디지털 시대의 뉴미디어의 부상(浮上)은 커뮤니케이션 도구의 확대 정도로만 간단하게 생각해서는 안 된다. 현존하는 다양한 시민들의 욕구에 주목해야 한다. 정보네트워크 내에서는 사람에게 필요한 희소자원의 소유 구조가 외부와의 연계망 수, 강도 등에 의해서 결정된다. 이같이 정보의 가치를 중심으로 구성되는 사회구조에서 사람들은 다양한 의사소통을 시도하며, 그들 간의 권력 관계를 성립시켜 나간다. 그동안 국가와 시장에 비하여 상대적으로 약한 위상을 지니고 있던 시민사회의 역할이 정보네트워크 사회에서는 중요한 의미로 급부상하고 있다. 정보네트워크에서 비롯된 접근

가능한 문화적 환경 속에서 사람들의 욕구가 실현되며, 바로 거기서 인간의 사회화가 이루어지게 되면서 기술네트워크와 사회네트워크 간 상호작용이 나타나게 되는 것이다.

최근 시민사회의 특징을 분석하는 과정에서 중요하게 고려해야 할 점은 그동안 전통적인 공간 개념 속에서 실존하지 않았던 사이버공간이라는 새로운 가상영역이 나타나면서 그 속에서 시민사회가 본격적으로 새롭게 자리 잡게 되었다는 점이다(주성수, 2004; 猪口孝, 1990). 이 온라인 시민사회의 활동은 다양한 소비자운동 등을 통해 일반적인 시민사회 구성원들의 대내외적 특성을 견지해나가고 있다. 온라인 공간에서의 문화콘텐츠를 둘러싼 시민사회의 특징은 사이버공간 내 구성원들의 운영원리뿐만 아니라 사람들의 활동 조직체계에서도 엿볼 수 있다(강대현, 2006; 猪口孝, 1990).

바로 이 같은 정보네트워크 조직은 일단 한번 구성되면 자기조직화(self-organization) 과정을 겪게 된다. 자기조직화는 한번 구성된 조직은 스스로 자신의 특성을 파악하고 그 특성을 활용하여 성장시킨다는 의미를 지니고 있다(김문조, 2005; 최창현, 1995). 자기조직화 과정을 통해 사이버공간에서 조직된 여러 공동체들은 생활에 적응할 수 있는 생존 전략을 스스로 마련하게 된다. 네트워크 조직 내에서 행위 주체로서의 자율성에 근거해 만들어진 상호 호혜적인 정보교환 관계는 현실적인 의사소통을 가능하게 했다. 그리고 보유하고 교환한 정보는 다시 새로운 공동체(community)를 생산해내는 자기조직화 과정을 지속적으로 이어나가게 되는 것이다.

네트워크는 이와 같은 조직구성원들 상호 간 정보 및 친밀성의 공유관계를 통해 여러 가지 문화콘텐츠를 생산하고 사람들로 하여금 소비하게 만들었다. 그리고 이 과정에서 공동체를 중심으로 문화콘텐츠의 새로운 유통 질서가 자리 잡게 된 것이다. 한 번 구성된 사이버 공동체는 기존의 계층화된 조직 논리를 넘어서 많은 독립된 연대원리가 통합된 유니트(unit)로 존재하며, 몇 개의 층을 이루고 느슨하게 연계되는 형태를 보이는 경우가 많다. 이 공동체들은 정보의 공유도가 높으면서도 거시적 네트워크로 통합된 형태를 보이며 세계 곳곳에 작은 공동체의 모습으로 흩어져 존재하게 되는 것이다.

현재 문화콘텐츠의 확산을 가져온 정보네트워크 구조는 사이버공간 내 사람들의 적극적인 개입에 의한 체험동기 유발의 토대라는 내부 운영원리가 숨어 있다. 특히 유 · 무형의 콘텐츠를 획득하고자 하는 사회구성원들은 손쉽게 문화콘텐츠 생산자의 정보를 파악하고, 그들의 기호에 부합하는 최선의 재화 선택권을 부여받기 위해서 스스로 특정 문화콘텐츠를 둘러싼 의사소통 통로를 확장하게 된다. 과거와 달리 기업에 대응하는 일반 시민들이 느끼는 온라인 공간 내에서의 향상된 입지는 소비자 간 네트워크를 통해 가능해졌다. 그리고 이 같은 현상은 곧 사회구성원들의 삶의 질 향상 및 복지증진의 기회로 작용하게 된다. 예를 들어 이윤추구를 목적으로 문화콘텐츠의 생산 및 유통을 담당하는 기업들조차도 자신들의 불공정 및 독과점 행위에 대한 소비자의 감시에 대한 대안으로 공공복리를 중요시 여기는 새로운 기업 이미지 창출에 힘쓰고 있다. 이처럼 시민 네트워크는 상품의 품질,

가격뿐만 아니라 기업이 얼마나 공익적인 책임을 수행했는가의 정도까지 상품 구입의 판단기준으로 고려하고 있는 것이다.

이제 정보네트워크를 통해 세계시장을 겨냥한 각종 문화콘텐츠 산업은 소위 6T(IT: 정보기술, NT: 나노기술, BT: 생명공학기술, ET: 환경기술, CT: 문화기술, ST: 우주환경기술)에 기반을 둔 신산업 전략과 밀접하게 연관되어 있다. 문화콘텐츠산업은 빠른 기술적 변화에 부응하여 인간의 체험 욕구와 관련한 새로운 시장 영역을 구축하고 있다. 요컨대 오늘날 네트워크 시대를 맞이하여 확산하고 있는 여러 가지 문화콘텐츠를 통해 사회구성원들의 재현적 욕구, 초월적 욕구, 상생적 욕구, 감정적 욕구 등의 복잡한 인간 체험 기반 욕구가 상당 부분 해소되었으며, 그 과정에서 문화콘텐츠를 품은 사이버공간은 새로운 영역에서의 인간행동에 있어서 구심점 역할을 담당하게 되었다(김문조, 2005). 그리고 감정적인 라이프스타일과 글로벌 신지식의 파급력은 시민들의 각종 여가 · 문화생활의 부흥을 가져오는 사회적 기능을 수행하게 되었다.

지금까지 온라인 공간에서 형성된 문화콘텐츠 기반 공동체에 대한 연구는 대부분 구체적인 유형의 상품 판매시장의 범주 내에서 그 논의가 진행되었다. 즉 고객의 상품구매 특성과 시장의 이윤창출 과정이 연구의 주요 주제범주였다. 하지만 현재 사이버공간에서 활동하고 있는 문화콘텐츠 소비자집단의 성격이나 공동체 구축과정에 내재된 본원적 의미에 대해 명확하게 알기 위해서는 시민사회의 근원적인 한 부분으로서 그들이 시장에 어떤 방식으로 대응 · 적응하고 있는지를 이론적으로 고찰할 필요가 있다. 이 과정은 거시구조적 측면에서의 특정 소비자집단에 대한 조직사회학적 분석을 위한 기초 연구로서 논의될 수도 있다(김인수, 2016).

이상 살펴본 바와 같이 다양한 문화콘텐츠의 생산 · 소비활동은 인간 개인의 성찰적 속성 및 정체성을 구현해주며, 사회구성원 각자가 문화적 차원에서 스스로 자신의 삶에 가치를 부여하는 생활정치를 가능하게 했다(민웅기, 2012a, 2012b). 정보네트워크에 의한 문화콘텐츠 기반 공동체의 사회적 구성은 개인의 선택권을 근거로 성장한 시민사회의 발전과정과 그 맥락을 같이 한다고 해석할 수 있다(주성수, 2004). 온라인에서의 생활은 오프라인의 그것에 비해 상대적으로 외부환경의 제약에서 자유롭고 자신의 의사를 표현하고 함께 논의하기 쉽다. 따라서 온라인 공간에서 나타나고 있는 시민사회는 꾸준히 그 규모와 영향력을 확대할 것이다(김종길, 2004).

2. 온라인 시민사회조직의 특성과 문화콘텐츠 시장의 관계

온라인 공간에서의 문화콘텐츠 소비자집단은 시민사회의 다양한 특성 중 일정 부분을 지니고 있다. 온라인 문화콘텐츠 소비자공동체는 원래 문화콘텐츠에 내재된 성찰적, 실천적 속성과 온라인 시민사회의 참여적, 해방적 속성을 함께 가지고 있다. 일반적으로 시장 영역에 대응하기 위한 온라인 시민사회조직의 구조는 새롭게 등장한 정보경제에서 그 존재의 필요성이 더욱 증대되고 있다. 정보경제에서는 생산 · 유통 · 소비 과정에서 정보기술, 경영의 질 등에 의존하게 됨으로써 생산요소들의 효율적 결합을 중요하게 인식한다. 그리고 지식 및 정보의 응용능력이 강조되며, 지위의 우위를 결정짓는 주요한 요인이 정보처리활동 여부로 결정되기도 한다. 그뿐만 아니라 정보경제에서는 시장 공간을 둘러싼 경쟁이 치열해진다. 이 정보사회의 경쟁체제는 정보기술로 말미암아 생산과 무역단위에 변화가 나타나며, 정주하는 공간이 아닌 흐름의 공간을 통해 기능적으로 재통합되는 현상이 나타나게 된다(Castells, 1998).

문화콘텐츠의 생산, 유통, 소비가 이루어지는 시장 영역에 대응하기 위해 현재 온라인 공간의 시민사회조직은 이에 적합한 다양한 조직체계를 스스로 구성하며 확산하고 있다. 사이버 세계 속에서 이 시민조직은 상호의존관계를 맺고 있는 부분들의 체계적 조합을 도모하고 있다. 일반적으로 온라인 공간에서의 조직체계 내에는 사람들이 일정한 활동을 하는 정적 공간이라고 할 수 있는 프레임워크(framework), 조직의 목표와 기준의 맥락에서 자율규제 기능을 수행하는 사이버네틱 체계(cybernetic system), 조직성장의 막대한 임무를 이행하는 성장체계 및 환경에 대한 지식구조로서 정보를 수집하고 자아의식을 보유하게 하는 이미지 체계(image system) 및 상징처리 체계(symbolprocessing system) 등이 존재한다. 이 같은 체계 구분은 전통적인 조직이론에서의 개방체계적 특징이기도 하다(Scott, 1998). 개방체계에서 조직구성원들은 환경으로부터 자원을 공급받는 것에 기초하여 자신을 유지할 수 있는 기반을 갖추게 된다(김인수, 2016). 개방적 조직구조를 취하고 있는 온라인 시민사회에서 중요한 것은 각 하위부문들이 생존을 위한 자기조절기능을 갖는 것이다.

문화콘텐츠를 포함하고 있는 개방체계에서의 사이버네틱 모델은 온라인 공간의 시민사회영역에 적용할 수 있다. 사이버네틱 모델은 다른 부분들의 변화에 잘 반응하는 배열들로 이루어진다. 조직연구의 개방체계적 관점에서 집단 내 하위 구성요소들은 서로 연결되어 있다. 이러한 모형은 하위조직들이 완전히 자율적인 행위를 할 수 있는 능력을 가지고 있다는 점을 암시한다. 소위 말하는 약한 연대의 강한 효과(weak tie & strong effect)가 온라인 시민사회조직의 설명에 그대로 적용되는 것이다. 이 연대의 원리는 평소 매우 강하게 친밀한 관계를 유지하고 있는 사람보다 느슨한 관계망을 형성하고 있는 사람에게 더 큰 도움을 받게 되는 온라인 공간의 독특한 질서를 설명해준다. 온라인 공간의 약한 연대는 특정한 집단 내부에만 응집되는 경향이 있는 오프라인 상의 집단에서 나타나는 강력한 연대와는 다른 형태를 보인다. 사이버 세계에서는 다른 집단의 회원들이 각자의 기호와 이해관계에 따라 부담 없이 더욱 잘 연결되는 현상이 다수 나타난다(Putnam, 1993, 1995). 조밀하지만 분절된 그 수평적 네트워크는 각 집단 내부에서의 협력을 지속시키며, 시민적 참여를 유도하여 보다 넓은 범위의 협력을 촉진시키기도 한다. 물론 일반적인 오프라인 집단 내 폐쇄성에 근거한 집단 구성원들의 강한 연대는 사회적 자본 획득의 더욱 중요한 조건이 됨을 부정할 수는 없다(Burt, 2001; Coleman, 1998; Lin, 2001).

온라인 시민사회조직의 하위체계들은 문화콘텐츠를 생산, 유통, 소비하는 과정에서 훈련된 시민운동 조직원들을 위한 다른 하위체계를 요구하며, 새로운 시민사회 구성원들의 조정과 훈련, 이동을 유도한다. 그런데 바로 사이버공간에서의 개방체계에서 시민사회조직과 시장과의 관계는 문화콘텐츠를 매개로 연결되어 있다. 온라인 개방체계에서의 조직구성을 활용한 시민사회조직은 외부시장의 변화에 대응하여 조직을 유지하기 위한 역할과 직무를 이행하게 된다. 이 현상은 문화콘텐츠의 생산 및 분배 문제, 시장 생산물로서의 문화콘텐츠에 대한 질적 통제의 실행과 마케팅에 대한 모니터 등의 연구에 적용되고 있다(Scott, 1998).

최근 온라인 공간을 중심으로 확장하는 시민사회는 문화콘텐츠를 주제로 한 정책적 영역뿐 아니라 시장에서의 특정 산업에 대한 평가를 내리는 시민사회의 이상향을 반영하고 있다. 여러 문화콘텐츠 관련 산업영역 중 오랜 기간 물리적 자원에 대한 소유권을 중심으로 상품가치를 추구해 온 사람들의 욕구를 넘어서 개인적 체험과 정신적 쾌락으로 이루어지는 무형의 문화콘텐츠 자원의 향유를 위한 온-오프라인 연계 영역에 사람들이 관심을 가지고 있다. 4차 산업혁명기에 등장한 가상현실, 증강현실, 인공지능

(artificial intelligence: AI) 등의 과학기술 원리를 통해 시·공간의 제약을 덜 받는 문화콘텐츠 공급이 실현된 것이다. 온라인 공간에서 이루어지는 연결성과 상호성의 문화는 디지털 통신기술과 문화콘텐츠 기반 상업주의 실현의 새로운 가능성을 열었다. 그리고 특히 이 같은 현상은 디지털 통신기술을 통해 개인과 공동체의 살아 있는 경험을 공유·구성하는 새로운 시민사회의 형성을 가능하게 했다. 문화콘텐츠 체험의 본격적인 시장화·상품화는 여러 가지 복합적 영향요인에 의해 외생된 사회적 사실이라 할 수 있으며, 온라인 공간에서의 시민사회의 형성은 이에 중요한 기능을 담당하고 있는 것이다(민웅기, 2010a; 오관석, 2010).

온라인 공간에서 문화콘텐츠 상품을 둘러싼 경쟁이 증가할 경우, 시장의 입장에서는 잠재적인 효율성과 혁신성을 증대시키기 위하여 규모의 경제와 범위의 경제를 함께 추구하게 된다. 규모의 경제는 생산량이 늘어날수록 제품의 평균 생산비가 줄어들기 때문에 생산 규모가 커질수록 수익이 늘어나는 현상을 말한다. 각종 문화콘텐츠산업에 대규모 기업 자본의 영향력이 증대되고 있는 현상은 이 개념을 잘 설명해준다. 한편 범위의 경제는 문화콘텐츠의 연구개발, 생산, 판매 등을 기업이 공동으로 진행하면서 판매 상품의 종류만 달리하여 비용을 낮추어 경영성과를 극대화하는 경제원리를 말한다. 문화콘텐츠에 대한 지식과 정보를 공동으로 활용하여 각종 문화콘텐츠 상품개발에서 오는 비용의 절감효과를 기대하게 된다. 하나의 문화콘텐츠를 개발한 후에 여러 산업영역에서 이질적 제품의 형태로 제품이 완성, 보급되면서 각각의 과정에서 요구되는 제품 개발 비용을 줄이게 되고, 그 과정에서 자연스럽게 추가적인 부가가치의 창출이 가능하기 때문에 문화콘텐츠 생산자 입장에서는 유용한 경제효과를 얻을 수 있다.

지금까지 살펴본 경제효과를 추구하는 과정에서 여러 가지 부가적인 현상이 나타나기도 한다. 즉 시장에서 통합과 집중도를 높이기 위하여 핵심요소에 대한 경쟁사업자를 자연스럽게 차별하거나 자신이 확보한 시장 지배력을 남용하는 행위가 발생하기도 한다. 온라인 문화콘텐츠산업 분야에서 나타날 수 있는 시장 통제 행위는 네트워크 사용에 있어서 시민사회조직과 충돌할 수 있는 여지가 있다. 예를 들어서 문화콘텐츠 생산 설비를 무조건적으로 개방하지 않거나 기존 네트워크를 통해 제공되는 트래픽들을 차별하면서 시장 지배력을 행사할 가능성이 있으며, 이 과정을 통해 특정 거대기업이 자연스럽게 문화콘텐츠 시장을 독점하는 현상으로 이어질 수 있다(송해룡, 2009). 바로 이것이 온라인 시장의 선점 및 진입장벽 문제로 나타나는 것이다. 따라서 온라인 시민사회조직은 온라인기업 간 경합 서비스가 발생할 수 있도록 그들에 대응하여 활동하고 있다. 콘텐츠 분야에서 나타날 수 있는 시장통제 행위를 방지함과 동시에 복수(複數) 네트워크 경쟁구조에서 지배적 콘텐츠 사업자가 특정 플랫폼에 대한 공급을 차별하는 행위가 일어나지 않도록 힘쓰고 있다.

온라인 공간에서 문화콘텐츠 시장 영역 역시 시민사회조직에 대응하여 새로운 경영상의 전략들을 끊임없이 시도하고 있다.

개방체계 내에서의 문화콘텐츠 시장에서 추구하는 전략경영은 시민사회와의 단절을 통해 이루어지는 것이 아니라, 시민사회와의 관계 형성을 통한 친화력 확보에 초점이 맞추어져 있다. 문화콘텐츠상품의 거래를 둘러싼 시장의 전략적 제휴 노력과 시민사회의 공정한 의사소통을 위한 참여 행위는 지속적으로 이어져오고 있다.

최근 들어 정보통신시스템 및 기술력을 바탕으로 한 온라인 문화콘텐츠 소비자집단의 특성과 관련한 다양한 연구들이 진행 중에 있다. 하지만 온라인 공간에서 활동하는 문화콘텐츠 소비자공동체의 근원적인 존재 의미와 조직적 특성에 대해서 현대사회의 거시적 흐름과 연계시켜 이를 이론적으로 논의한 연구는 많지 않다. 다양한 온라인 문화콘텐츠를 함께 체험하는 기호공동체가 발현되고 있는 현재의 시점에서 콘텐츠 소비자집단을 거시적인 시민사회조직의 활동과 연계시켜 그 본원적 의미와 추후의 전망 등을 이론적으로 분석할 필요가 있다. 포스트모던 시대의 특성에 맞는 새로운 시민들의 욕구충족을 위한 구현물이라 할 수 있는 문화콘텐츠는 이 같은 이론적 논의를 더욱 확장 · 발전시킬 수 있는 구성요건을 갖추고 있다.

지금까지 살펴본 사이버공간 내 문화콘텐츠 소비의 본질에 대한 분석은 추후 전체 온라인 공간 내 소비자조직이 어떤 형태와 가치를 중심으로 변화하는지를 예측가능하게 도와줄 수 있다. 이미 사이버공간 내 고객들의 활동에 주목하고 있는 시장의 대응은 신속하게 진행되고 있다. 온라인 활동 중인 문화콘텐츠 소비자집단은 상품정보 공유 및 동시적 집단행동이 가능해졌다. 따라서 시장 영역에서 문화콘텐츠의 생산과 유통을 담당하고 있는 기업은 소비자의 구매결정과정에서 나타나는 구전(口傳)효과의 빠른 확산을 경계하면서 상품의 질적 제고에 많은 노력을 경주하고 있다. 왜냐하면 온라인 공간에서는 그 파장효과가 오프라인에서보다 더욱 크게 나타날 수 있기 때문이다.

더불어 문화콘텐츠 상품은 다른 제조상품에 비해 위험요인에 대한 지각의 정도가 크게 작용할 수 있는 만큼 상품에 대한 사전에 이루어지는 문화콘텐츠에 대한 정보제공은 소비자집단의 의사결정에 중요하게 작용할 수 있다(김종건, 현용호, 박영아, 2013). 이제 건전한 문화콘텐츠 소비를 위해서 온라인 공간에서 활동하는 시민사회조직 활동에 주목해야 한다. 정보 공유 및 집단적 참여는 소비 과정에서의 불확실성에 의한 위험에 대처하는 생산적이고 현명한 소비행위라 할 수 있다. 따라서 주로 문화콘텐츠 제품 및 서비스의 생산 · 보급을 담당하는 기업의 입장에서는 온라인상에서의 소비자들의 활동을 항상 예의주시하고 적절하게 반응해야 한다. 문화콘텐츠 소비를 둘러싼 시민들의 비판적 활동은 개방체계에서 시장 영역에 대응하는 전형적인 시민사회의 특성이며, 동시에 시민사회의 참여적 · 능동적 활동에 대처하는 시장의 적응 모습이라 할 수 있다.

3. 온라인 문화콘텐츠 소비자의 특성과 전망

정보네트워크 구조에서 사람들 사이의 연대는 상호보완적 내부 역학관계를 공고하게 유지하는데 도움을 주고 있다. 한 사회를 지배하는 관계 중심의 문화적 특성은 이 같은 구조를 더욱 강하게 유지시킬 수 있다(민웅기, 2006a, 2006b; 이승환, 1998). 바로 이러한 사실을 근간으로 인간이 주체적 삶의 창조를 위해 스스로 인식하는 문화정체성에 대해서 연구가 진행되고 있다.

최근 온라인 공간에서 활발하게 활동하고 있는 문화콘텐츠 소비자들은 문화정체성을 내재화하여 오로지 자기 자신만의 여가 공동체를 만들면서 정보네트워크 속 사회구성원들 간 활발한 교류를 시도하고 있다. 그리고 이 사이버공동체 구성과정에서 사람들 각자가 지닌 문화적 욕구가 그들 삶의 주요 목적임을 인식시키는 계기를 만들어 냈다. 포스트모던 사회에서의 다양한 온라인 문화콘텐츠 향유 공동체들은 정보네트워크 구조의 연계원리에 의해 개인의 개체성과 집단의 공동체성이 변증법적으로 혼재·발현되어 가는 새로운 시민사회 모형을 제시해주고 있다. 초국적인 집합적 삶의 영역으로서 세계시민사회의 특성은 반드시 정치적인 것만을 필요로 하지는 않는다는 점을 최근의 문화콘텐츠 확산 현상을 통해 알 수 있다(Wapner, 1977).

최근 들어 정보 네트워크를 통한 즉각적인 소비활동은 소셜미디어(social media)를 통한 의사 표현으로 많이 이루어지고 있다. 개별화된 개인 소비에 감정은 중요하게 작용한다. 따라서 소셜미디어의 조직원리를 온라인 소비자행동의 정서적 측면과 연계하여 진행한 다양한 연구들에서는 인간 욕구와 온라인상의 조직운영 속성이 관련 있음을 밝히고 있다(Ku, Liang & Chen, 2006; Pang & Lee, 2008). 정보기술을 통해 발전하고 있는 뉴디어들은 문화콘텐츠를 둘러싼 온라인 소비자행동에도 많은 영향을 미쳤다. 특히 소셜미디어활동의 대중화는 애플리케이션(application)기술의 개발을 통해 문화콘텐츠 소비자들의 여가활동을 다양하게 유도했다. 최근 각광받고 있는 유튜브(YouTube)를 비롯하여 트위터(Twitter), 페이스북(Facebook) 등은 문화콘텐츠 정보가 폭넓게 시민들에게 공유되고, 실제 그들의 일상생활에서 구현될 수 있도록 도움을 주었다. 이 같은 과정에서 문화콘텐츠는 온라인 시장 영역에서 입지를 공고하게 유지하고 있다.

온라인 문화콘텐츠 시장 영역은 이미 확산된 스마트폰(smart phone) 이용을 통해 그 영역의 범위와 깊이가 달라지고 있다. 이제 온라인 문화콘텐츠 소비자 간 구성되는 기호(嗜好) 공동체를 중심으로 소규모로 집단화되는 네트워크 현상에 주목해야 한다. 그 공동체 내에서는 문화콘텐츠상품의 거래뿐만 아니라 이를 둘러싼 지역공동체 간 효율적인 연계 및 협업체계 구축 현상이 나타나고 있다. 온라인 공간 내 정보통신 기술력의 발달에 의한 참여는 다양한 사회적 가치를 실현하기도 한다. 온라인 문화콘텐츠 소비자집단은 온라인 미디어와 적극적 공생관계로 발전하고 있다. 문화콘텐츠 소비자의 특성 변화에 따라 그동안 일방적으로 시장 영역에 맡겨진 다양한 문화콘텐츠가 소비자집단이 직접 통제할 수 있는 콘텐츠로 그 특성이 함께 바뀌고 있다. 그 문화콘텐츠의 특성에 부합하는 소비자의 욕구에 따라 상품 · 서비스의 패키지화 및 표준화, 인접 문화콘텐츠와의 연계 등의 현상이 온라인 공간에서 나타나고 있다. 온라인 문화콘텐츠 소비자집단의 콘텐츠 이용 시간과 소비하는 장소에 따라 개인 또는 문화콘텐츠 공급자는 콘텐츠의 컨셉과 포맷을 변경하거나 통제해야만 하는 상황에 직면한 것이다.

이와 같은 문화콘텐츠 소비자의 능동적인 행동패턴 변화는 문화콘텐츠 효용가치 간 상호연동, 연계, 확장 등의 모습에서 비롯된 것이다. 온라인 소비자의 특성에 맞춘 기존의 물리적 · 지역적 특성에 근거한 커뮤니티 중심의 문화콘텐츠 개발은 물론, 다양한 이해관계자의 새로운 욕구를 고려한 문화콘텐츠 컨셉 개발이 이어지고 있다.

이상의 논의를 통해 네트워크 공간에서 구성된 문화콘텐츠는 다음과 같이 시장 영역과 관련한 시민사회의 능동적 모델을 상당 부분 구현하고 있음을 알 수 있다. 첫째, 온라인 공동체를 중심으로 하는 문화콘텐츠 자원을 둘러싼 소비자들의 활동은 시장과의 배타적 관계 설정이 아닌 끊임없는 연계를 상정하는 활동모형을 실현하고 있다. 온라인 콘텐츠 소비자집단은 기존의 문화콘텐츠 기반 상품 · 서비스 시장과 소통의 가치를 실현하고 있는데, 이로 인해 과거 문화콘텐츠 서비스 공급자와 매개자 중심으로 운영되던 시장질서에 소비자가 적극적으로 개입되는 변화가 나타나게 되었다.

둘째, 현재의 온라인 문화콘텐츠 소비자집단이 활동하는 영역은 시장환경의 자극에 대해 즉각적 반응을 보이는 개방체계로서의 시민사회적 성격을 지니고 있다. 이곳에서 활동하는 소비자들은 급변하는 시장환경과 관련한 쟁점에 의견을 제시하면서 스스로 창조적인 피드백(feedback)을 시장에 부여하고 있다.

셋째, 온라인 문화콘텐츠 소비자집단은 견고한 상품시장의 구조 속에서 소비자로서의 시민 개개인들의 비공식적 담론형성 및 성찰적 소비를 통해 시장의 이윤추구 질서에 적극적으로 대응하고 있다. 소비자의 주체적이고 능동적인 의식이 문화콘텐츠 소비 과정에 투영되고 있는 것이다.

이처럼 정보통신기술 발달에 따라 온라인 문화콘텐츠 시장은 급속도로 확대되고 있다. 온라인 공간 내 문화콘텐츠 소비자집단은 관계적 · 과정적 · 운영적 측면에서 능동적인 시민사회의 특성을 잘 보여주고 있다. 문화콘텐츠 소비자들은 끊임없는 자본축적의 영향력을 행사하는 시장질서 내에서 주도적이고 성찰적인 네트워크 활동을 통해 적절하게 대응해 나가고 있다.

04

이미지와 스타일의 소비를 지향하는 문화콘텐츠

포스트모던
시 대 의
문화콘텐츠와
체 험 문 화

4장

이미지와 스타일의 소비를 지향하는 문화콘텐츠

1. 시 · 공간의 제약을 넘어서는 문화콘텐츠의 창조 질서

문화콘텐츠의 소비행동은 단순히 개인의 자유에 의한 활동으로 한정할 수는 없다. 물론 그렇다고 사회구조적 환경 등의 외부요인에 의해서만 생성되는 독립적인 활동이라고도 볼 수 없다. 문화콘텐츠 상품과 서비스를 생산, 편집, 유통, 소비하는 다양한 사회질서가 존재하며, 그것을 행동으로 옮기는 인간과의 교호작용이 발생하게 되는 것이다. 그 행동의 주체는 개별화된 인간일 수도 있고, 집단을 이룰 수도 있다. 문화콘텐츠는 인간 개인의 심리적 결과물이지만, 생산과 소비 과정을 이끄는 산업 시스템을 주도하는 현상은 결국 자본주의 사회의 구조적 맥락 속에서 나타나고 있음을 잊어서는 안 된다.

최근 불어 닥친 문화콘텐츠의 급속한 창조 및 확산은 포스트모던 사회로의 전환이라는 시대적 변화와 함께 나타난 현상이라고 볼 수 있다. 주지하다시피 문화콘텐츠는 다양한 형태와 내용으로 생산 및 소비 활동을 유도하고 있다. 문화콘텐츠는 온-오프라인을 연계하는 시 · 공간 활동 영역의 확장을 통해 산업사회에서 한정된 물리적 환경 때문에 인위적 구획질서로 분리된 세계 곳곳의 문화 현상들이 좀 더 친근한 관계를 맺게끔 했다. 특히 문화세계화는 문화콘텐츠를 매개로 나 자신과 타자 사이, 여기와 저기 사이, 그리고 인간 의식의 안과 밖 사이의 긴장을 표출하기도, 그리고 해소하기도 하는 역할을 담당했다. 문화콘텐츠의 소비 과정은 사람들로 하여금 자신이 심리적으로 인식하는 '경계'에 대한 정의를 확인하고 재정립하도록 인도한다(Tomlinson, 1999). 예를 들어 현재의 다양한 문화콘텐츠산업의 확장적 국면에 일조한 영화, 공연, 관광산업 등의 경우, 온-오프라인을 넘나드는 시 · 공간 극복과 경계의 이완을 통해서 사람들에게 접근하고 있는 문화콘텐츠의 상업화 현상을 잘 보여주는 사례라고 볼 수 있다.

시장 영역에서 이루어진 문화콘텐츠산업의 확산은 국가 영역에 한정되어 운용되는 각종 자본, 기술 등의 탈국가화를 촉진하고, 특정 거점 중심의 제도화된 인간 여가영역의 변화를 유발했다. 사람들은 정적인 생활양식에서 벗어나 네트워크를 통해 체험하는 다른 것, 특별한 것, 다양한 것에 대한 선호기호를 가지게 되었다. 또한 자연스럽게 그들의 취향은 새로운 여가활동 방식을 탄생시켰다. 현재 거주하고 있는 곳에서 당연시되는 일상

문화에 의문을 제기하고 다른 이문화(異文化) 체험에 대한 욕구를 지니게 된 것이다. 그리고 시장 영역에서는 이를 만족시켜줄 수 있는 문화콘텐츠가 다양한 방식으로 개발되었다. 이 같은 국제적 수준의 사회구조는 다양한 문화콘텐츠의 접속을 선호하게 되는 계기가 되었다.

그뿐만 아니라 새롭게 시도되는 문화콘텐츠와 관련한 정책 역시 구성원들의 여가활동에 많은 영향을 미친다. 최근 세계의 다수 국가들이 문화콘텐츠를 활용해 자본축적, 고용증대 등의 국가목표를 달성하기 위한 정책을 시행하기 시작했다. 이러한 국가정책은 무역흑자의 극대화라는 새로운 중상주의 사상에 기초를 두고 있다. 문화콘텐츠 관련 정책들은 행위, 상호작용, 반응, 환류라는 복잡한 패턴을 갖는 역동적 환경 속에서 형성되고 집행되는 하나의 과정으로 구성된다. 문화콘텐츠와 관련한 정책들은 다양한 가치가 내재된 사회구성원들의 욕구를 객관적인 사회적 실체를 통해 실현시키는 명문화된 과정이라고 볼 수 있다. 그리고 그 다양한 가치야말로 정책결정 과정을 이해하는 핵심이라 할 수 있다.

물론 문화콘텐츠 창조과정이 앞서 제시한 거시적 사회구조에 의해서만 이루어지는 것은 아니다. 일찍이 바우만(Z. Bauman)은 소비자의 선택이 자유 개념을 토대로 표상화된다는 점을 발견했다. 현대 자본주의 사회는 개인의 자기실현 잠재력이 억압되기보다는 행위자의 자유선택과 자기과시라는 생활유형이 더 큰 규모로 실행될 수 있는 상징적 공간이라는 의미를 갖는다

(Bauman, 1988). 결국 현재의 포스트모던 사회에서 나타나는 문화콘텐츠 소비는 개인자유의 중심이자 터전으로서 자리 잡고 있는 것이라 할 수 있다. 다양한 형태의 문화콘텐츠 소비가 확장되고 있는 이 자본주의 사회는 과거 그 어느 때보다도 그것이 안전하게 유지, 존속될 수 있는 제도적 인프라를 이미 구축하였다. 현대사회의 자본주의 체계가 갖고 있는 재생산 과정은 개인의 자유를 통해서 성취되는 것이지 개인의 억압을 통해 이루어지는 것이 아니다(Miles, 2003). 이와 같은 맥락에서 시 · 공간을 초월하는 문화콘텐츠 소비의 매력은 일상생활에서 제약받고 있다고 느끼는 사회구성원들에게 자유를 제공해 준다는 사실에 있다.

한편 다양한 시 · 공간을 넘나드는 문화콘텐츠의 창조적 질서를 구축하는 과정에 있어 인간 의식의 원형이라고 할 수 있는 것이 상상력이다. 소위 상징적 상상력이라고 불리는 인간의 이 내재적 능력은 삶의 균형을 회복시킨다. 일반적으로 상징은 공유된 의미체계로서 심리적 · 사회적 균형회복 기능을 갖고 있다. 나아가 인간 영혼의 휴머니즘을 인식시켜주는 인류학적 균형회복 기능을 갖고 있다(Durand, 1997, 1998). 상징적 상상력에 의해 사람들은 순전히 지시적인 기능만을 담당하는 자의적인 기호들과 실질적인 의미를 연결시킨다.

문화콘텐츠의 생산과 소비 과정에 대한 깊은 이해를 위해서는 기의(紀意)와 기표(記標)에 대한 개념에 대해서 알아야 한다. 일찍이 언어학자인 소쉬르(F. Saussure)는 어떤 기호를 설명하는데 기표와 기의를 활용했다. 기호의 물질적인 성질을 기표라고 부르고, 기호가 만들어내는 정신적인 이미지를 기의라고 할 수 있다(Saussure, 1960). 즉 물질적인 기표가 정신적인 기의를 만들어내는 과정으로 인간의 의식이 어떤 대상에 대한 도식화를 시도한다는 의미이다. 예를 들어서 사람이 '책' 이라는 단어를 쓴다고 가정하자. 그러면 볼펜으로 쓰여진, 눈에 익은 그 책이라는 단어의 흔적 자체가 기표가 된다. 그리고 우리는 그 볼펜 흔적을 보고 머릿속으로 실제 책의 모습을 상상하게 되는데, 그 이미지를 기의라고 할 수 있는 것이다.

그런데, 인간은 기표가 겉으로 드러나 보이지 않는 상황 속에서도 문화적 속성에 대해서 깊이 사고하기도 한다. 인간 자신의 감각으로 느낄 수 있는 대상이 지칭되어 있지 않더라도 의미화된 실체를 자신의 의식 속에서 한정하기도 한다. 바로 이 같은 의식과 행동의 원천이 상상력이다. 문화콘텐츠는 이 상상력을 통해 다양한 이미지(image)와 스타일(style)을 구현해내는 수단이면서도 궁극적인 목적이 된다(Maffesoli, 1997). 사회구성원들은 상상력을 매개로 각종 문화 산물들과 의사소통을 하게 된다. 결국 상상력은 현대사회의 문화콘텐츠 소비영역을 단순히 재화에만 한정시키지 않고, 문화콘텐츠를 둘러싸고 있는 정책적 · 산업적 환경 전반에 걸쳐 확장될 수 있는 원동력이라고 할 수 있다(Durand, 1997, 1998).

문화콘텐츠의 새로운 가치 창출을 가능하게 하는 문화적 생산물은 대부분 텍스트, 이미지, 동영상 등의 형태를 띠고 있다. 모든 텍스트와 영상 콘텐츠들은 의미로 충만하며, 그 속에 내재된 잠재적 의미는 접촉하는 사람들에게 강력한 영향을 미친다. 따라서 넓은 의미의 문화콘텐츠 소비는 우리가 의미를 창조하거나 의미를 통해 놀이하기 위해 기호를 소비하는 모든 행위로 정리할 수 있다. 즉 문화콘텐츠 향유과정은 인간의 의식 속의 잠재적인 의미를 통해서 상징물을 수단으로 의식의 주체와 객체 간 의미놀이를 하는 과정이라고도 볼 수 있다.

최근 텍스트, 이미지, 영상 기반 문화콘텐츠를 기반으로 하는 자본의 강력한 마케팅에 대해서 소비자는 끊임없이 주체적 의미부여작업을 하고 있다. 사람들은 소비대상에 대해 적극적으로 가치를 투영하고, 텍스트로서의 상품이 갖는 의미의 해석에도 능동적으로 참여한다. 이러한 시 · 공간을 넘어서는 의사소통이 일어나는 문화콘텐츠 소비는 삶을 재설계하는 동력이 된다.

포스트모던 사회의 해체적 문화 구조의 영향력에 의해 행위자의 본격적인 문화콘텐츠 향유를 위한 다양한 동기와 욕구가 나타나기 마련이다. 문화적 구조에 의해 문화콘텐츠 소비자가 구체적인 욕구를 행동으로 옮기는 과정은 크게 두 가지 방식의 가치표출과정으로 설명가능하다. 문화콘텐츠의 실재적 존재가치가 외계에 표출되는 방법이 두 가지로 구분될 수 있다는 의미이다. 첫째는 직접적인 방법으로 단순한 지각이나 감각을 통해 대상의 본질이 직접 그것을 바라보는 주체의 감각에 의해서 드러나는 것이다. 둘째, 또 다른 하나는 그보다는 조금 더 간접적인 방법인데, 문화콘텐츠 대상이 가지고 있는 가치가 직접적으로 나타나지는 않지만, 우리의 감수성으로 이를 상상력에 의해 형상화시키는 방식이다. 그 대상의 간접적인 존재가치의 내재적 의미는 주로 이미지와 스타일을 통해 우리의 의식에 재현된다(Maffesoli, 1997).

시·공간의 경계를 넘나드는 문화콘텐츠 간 이미지 차이를 인간이 인식하는 과정은 대부분 감각기관을 통해 지각적(知覺的)으로 진행된다. 그 과정에서 문화콘텐츠 생산자의 입장에서는 문화콘텐츠에 내재된 어떤 기호를 통해 일괄적이고 재미없는 소비자의 향유행위를 막기 위해서 문화콘텐츠 소비자의 상상력에 의해 판단할 수 있도록 기의가 모호하게 인식되는 사고의 극점 상태로 문화콘텐츠 대상의 본질을 유도하기도 한다. 그리고 이것이 바로 문화콘텐츠를 통해 자유롭게 소비하고 상상할 수 있는 인간이 느끼는 재미이기도 하다. 문화콘텐츠의 기의는 일종의 자율적인 이끌림을 통해 사회구성원들의 인식을 일정한 방향으로 유도한다. 문화콘텐츠를 소비하는 과정에서 인간은 현재 체험하는 문화콘텐츠와 관련된 과거 정서적 기억과 합치된 상태로 체험을 하게 될 수도 있다. 예를 들어 박물관에 포함된 문화콘텐츠의 체험 등이 그 좋은 예라고 할 수 있다. 박물관 안에 존재하는 전체 테마들은 현재의 위치에서 과거 생활에 대한 상상으로 이루어진 이미지를 통해 그 내재적 의미를 재검사받는 과정에 놓이게 된다. 그리고 그 상상의 체험과정이 방문객 각자에게 모두 다른 형태의 다양한 즐거움을 가져오게 하는 것이다.

이제 본격적인 포스트모던 사회를 맞이하여 산업사회를 주도한 미래 중심의 진보이데올로기는 이미 그 임무를 다하고 있다.

미래를 위해 현재를 희생하는 것이 아니라 현재로의 관심전환이 나타나고 있다. 약속된 미래를 향해 동원되는 인간의 실존 문제만이 중요한 것이 아니라, 현재의 자족(自足)에도 큰 의미가 부여될 수 있는 것이다. 일반적인 대중들이 과거 정치 엘리트들에 의해서 독촉 받았던 미래를 위한 현재의 침묵에 대해서 다양한 형태로 반발하기 시작하고 있다. 그리고 확실하게 자기의 뜻을 전달하면서 삶의 에너지를 스스로 찾고 있다. 문화콘텐츠를 통한 여가활동의 확산은 이 같은 의미에서 중요하다. 문화콘텐츠 산업 소비자로 등장한 대중들은 그들 삶에 있어서 다양성을 추구하고자 하는 욕구를 지니고 있기 때문에 이제 어떤 노동중심적 사고에 기반을 둔 강압의 논리가 그들을 일방적으로 구속하지는 못하는 사회가 도래한 것이다(Maffesoli, 1997).

문화콘텐츠의 이미지와 스타일은 바로 지금 그 자리, 그 순간에 인지하기 어려운 무의식과 의식 사이를 연결해주는 일종의 중재자이다. 그리고 이제 인간 각자의 의식적 쾌락은 대부분 문화콘텐츠에 내재된 이미지와 외형적으로 나타난 스타일의 차이에 따라 나타나고 있다(Durand, 1998; Maffesoli, 1997). 그 의식 과정의 특징은 하나의 기표가 다양한 원형을 지닌 기의를 간접적으로 체험 소비자에게 지시하는 사고의 유형이라고도 할 수 있다. 따라서 문화콘텐츠 자체뿐만 아니라 그것이 어떤 맥락에서 구성되어 언제, 어디서 소비자에게 전달되는가의 문제 역시 문화콘텐츠 생산자가 유의하여 고려할 점이라고 할 수 있다. 그 과정에서 소비자는 자신의 상상력으로 발현된 기의를 형성하기 때문이다.

2. 자신만의 소비를 위한 이미지와 스타일 중심의 문화콘텐츠

포스트모던 사회의 사회구성원들이 추구하는 삶은 미래를 위한 희생적 삶보다는 현재 지금의 삶의 질을 중요하게 생각한다. 현재의 자신의 인생을 가장 중시하고 소비하는 태도를 가진 사람으로 일컬어지는 소위 욜로(You Only Live Once: YOLO)족의 탄생은 이 같은 사고의 흐름을 잘 보여준다. 미래나 남을 위한 희생보다는 자신의 삶을 더욱 추구하는 현재 사람들의 경향을 나타낸다. 더불어 포미(FORME)족이라 명명하는 새로운 개인들이 등장한 것도 이 같은 사회현상을 잘 반영한다. 포미족은 건강(For Health), 싱글(One), 여가(Recreation), 편의(More Convenient), 고가(Expensive)의 삶을 살아가는 사람들을 일컫는 신조어로 자신에게 먼저 가치를 두면서 나를 위해 과감히 투자하는 현대인의 특성을 상징적으로 나타내고 있다(배주희, 2015). 이 같은 자신만의 소비를 통해 확산되고 있는 새로운 문화콘텐츠 체험 현상들은 현대사회에서 보편적으로 등장하기 시작한 싱글(single)족의 모습과 그들 삶에서 구체화된다. 현 시대를 살아가는 사회구성원들은 자신의 삶을 사회적 제도를 통해 규정하지 않고, 능동적인 선택을 통해 자신만의 생활가치를 추구하기 시작했다.

현대사회를 살아가는 구성원들은 기약 없는 불안한 미래를 기대하기보다는 현재에 만족하기 위해 살아간다. 이들의 삶에 대한 새로운 노력들은 사람들의 개인화된 문화콘텐츠 소비의 확산에 긍정적인 영향을 미쳤다. 개인화된 삶을 추구하는 사람들은 스스로를 위한 소비활동을 지속적으로 시도한다. 자신의 가치관과 타협하기 어려운 취향을 타인과 억지로 공유하는 여가활동보다는 나만의 문화콘텐츠를 체험하는 여가활동으로 문화적 욕구를 해소하고, 개인 스스로의 삶의 만족을 최대한 유지할 수 있는 방향으로 자신만의 문화를 구성한다.

이 같은 문화콘텐츠 소비와 관련된 연구는 신화(神話)연구와도 연계되어 학술적 논의가 진행되고 있다. 문화사회학자들은 최근 나타나고 있는 문화콘텐츠 소비 경향을 그리스로마신화에 나오는 신(神) '디오니소스(Dionysus)' 적 삶으로 규정하기도 한다(Durand, 1998; Maffesoli, 1997). 디오니소스는 술의 신을 가리킨다. 인간이 술을 마실 때는 내일을 생각하지 않고, 현재에 자족하기 위해 마시는 경우가 대부분이다. 이러한 행동의 특징을 통해 인간이 현재 중심의 삶을 살아가는 행동을 디오니소스적 삶이라고 규정하여 연구가 진행되어왔다. 이에 반해 과거 근대사회에서는 인간 생활에서 세속화의 절정으로 일컬어지는 노동중심 사상을 비유적으로 가리키는 '프로메테우스(Prometheus)' 적 삶이 사회의 주류 문화였다고 볼 수 있다. 프로메테우스는 주신(主神) 제우스가 감춘 불을 인간에게 내줌으로써 인간에게 문명을 알려준 신이다. 이 때문에 인간의 이성적 삶을 뜻하는 개념으로 신화연구에서 논의된다. 하지만 포스트모던 시대에 들어서는 프로메테우스적 삶에 회의를 느낀 인간이 현재의 삶이 미래보다 더 중요하다는 디오니소스적 삶에 관심을 가지고, 바로 지금 이 시간, 이 공간에서 향유하는 다양한 체험 문화를 만들기 시작한 것이다.

이처럼 산업사회를 지배해 온 합리성에 대처할 만한 연금술적이고 신비주의적인 삶의 신화가 포스트모던 사회에 다시 고개를 들고 있다. 이러한 의미에서 디오니소스적 삶은 인간 심리에 존재하는 사회체계와의 긴장 관계에 대한 심리적 이완현상을 설명해준다(Maffesoli, 1997). 일찍이 디오니소스를 통해 일상생활의 노동영역에서 벗어나 사람들이 그들 자신만의 여가생활을 즐기고 싶은 모습을 비유적으로 표현하고 있다. 디오니소스는 소비사회를 대변하는 모습이자 새로운 상징적인 의미의 인간 상상계를 발현시켜주는 내면적인 문화적 표상이라고 할 수 있다. 다양한 문화콘텐츠 체계들의 구별은 개인화의 결과물로 도출되기도 하지만 더 나아가 선호하는 집합적 관계에 대해서는 선택적 친화력이 나타나기도 한다. 그리고 그 구체적인 가시적 구현물이 바로 문화콘텐츠의 외현된 모습인 이미지와 스타일인 것이다(Maffesoli, 1997).

문화콘텐츠에 포함된 이미지와 스타일은 시대를 점검하고 묘사하는 일종의 인간 삶의 형식이다. 즉 인간관계 속에서 삶이 표출되는 모든 종류의 존재 양식, 관습, 유행 등을 의미한다. 현대사회에서의 이미지나 스타일은 미학적 관점에서의 비물질적 차원에서 현실 세계의 본질 파악을 가능하게 해준다(Maffesoli, 1997). 이 미학적 관점에서 일정한 이미지가 함의된 비물질적 자원의 문화콘텐츠의 가치에 대해서 사람들은 그 내부에 어떠한 이념, 가치, 이데올로기 등의 구성체가 포함되어 있느냐에 따라 다른 방식으로 인식한다. 따라서 문화콘텐츠의 본원적 속성을 파악하기 위해서는 문화콘텐츠 자체를 연구하는 방법 이외에도 이를 체험하는 사람들의 감정에 내재되어 있는 여러 가지 구성 요소들을 분석하는 방법을 활용할 수도 있다. 이미지와 스타일 시대의 도래로 대변되는 현대사회에서는 문화콘텐츠 의미의 다원성에 대해서도 고찰해보아야 한다는 의미이다.

문화콘텐츠의 이미지와 스타일은 감상 대상에 대한 평가에 있어 어떤 특이한 미적인 기준이 존재하느냐의 문제의식을 통해 매력성이 다르게 나타난다. 그 매력성이 문화콘텐츠 소비자 고유의 시각에 의해 어떤 방식으로 재해석되느냐의 문제에 대해 수용미학적 연구를 시도하는 가정은 문화콘텐츠 연구의 오랜 주요 방법론 중 하나라고 할 수 있다. 우리가 흔히 수용미학이라고 부르는 이 기호학적이며 현상학적인 미적 경험의 태도에 대한 연구는 다른 외부 경험으로부터 분리되어 나타나는 문화콘텐츠에 대한 체험자 고유의 심리적 지향성이라 할 수 있다. 비일상적 공간에서의 대상에 내재한 이미지와 스타일에 대한 감상자의 미적 태도는 개인의 기호(嗜好)에 따라 하나의 심리적 프레임(frame)으로 구성되는 것이다. 즉 문화콘텐츠 소비의 지향성은 인간 개인의 심리적 자아 구성과도 밀접한 관련이 있는 것이다.

과거 산업사회로 대표되는 근대성에 기반을 둔 문화콘텐츠 기획의 동력은 현재 포스트모던 사회를 맞이하여 자아 지향적 욕구가 다양화되는 과정으로 정리할 수 있다. 인간 개인의 욕구와 사회질서 사이의 모순을 자각한 개인들은 자기 자신의 삶과 정체성을 확보하기 위해 다양한 종류의 문화저항운동들을 펼쳐나

갔다. 일찍이 벡과 벡-게른스하임은 오늘날 사회의 특징을 '개인화(individualization)'로 명명하고 전통이 지시해주던 자명한 삶을 거부하고 '개인 결정권의 확대'라는 개인 존재방식의 자유를 논의했다(Beck et al., 2002). 이 개념은 결국 기존의 사회를 분석하는데 활용되는 문화적 관점이 이해 중심(interest-centered)에서 정체성 중심(identity-centered)으로 이동하고 있음을 보여준다(Honneth, 2001).

정체성 구현의 욕구를 반영하는 문화콘텐츠의 이미지와 스타일은 그것을 향유하는 사람들의 심리에 직접적으로 영향을 미친다. 따라서 현재 여러 대중매체에서는 사람들이 긍정적인 이미지를 구축할 수 있도록 다양한 콘텐츠 유통경로를 통해 여러 가지 노력을 경주하고 있다.

한 예로 장소에 기반을 둔 문화콘텐츠 체험을 들어보자. 특정 장소성에 기반을 둔 문화콘텐츠의 이미지 규정과정에서는 유인적(誘引的) 이미지와 유기적(有機的) 이미지가 결합하여 특정 문화콘텐츠가 지닌 이미지가 형성된다. 유인적 이미지는 문화콘텐츠를 보유한 특정 장소와 공간을 방문, 접속하기 위해 관련 정보를 획득하는 과정에서 얻게 되는 이미지를 의미한다. 따라서 유인적 이미지는 방문경험이 없이 장소와 공간에 대해 갖게 되는 인상을 의미하는 것이다. 반면 유기적 이미지는 문화콘텐츠 소비자들이 평소 매체에서 발송하는 정보를 통해 형성하게 되는 이미지를 말한다(Fakeye & Crompton, 1991). 특정 장소에 포함된 문화콘텐츠를 소비하는 사람들은 다양한 정보매체와 그 외에 간접적인 정보전달 과정을 통해 특정 문화콘텐츠에 대한 이미지를 형성하게 되고,

이를 통해 방문, 접속, 사용과 관련한 구체적인 선택 행동이 이미지 형성의 순환 과정을 통해 지속되는 것이다. 그리고 그것이 행동으로 옮겨졌을 때 우리는 경험 또는 체험이라고 명명하는 것이다.

일찍이 칸트(I. Kant)는 경험, 체험이라는 의미는 이미 인간의 지적인 구조를 포함한다고 보았다. 체험은 시간과 공간, 실체, 사건 등의 인과성의 관념과 일치하도록 조직되어 있다. 문화콘텐츠 체험 욕구의 본질에 대해서 인간의 의식적 사고가 개입될 수밖에 없다. 문화콘텐츠의 체험은 인간이 체험대상의 문화적 위상을 파악하는 과정이라고 할 수 있다(최인숙, 2005). 인간은 보는 것을 통해 범주의 객관적 영역에서의 자기의식을 확정한다. 칸트는 이 같은 과정을 가리켜 '통각(apperception)의 선험적 통일' 이라고 표현한다. 통각이란 인간이 자신에게 동반된 다른 여러 지각들을 스스로 통일하는 자기 의식적 경험을 뜻한다(최인숙, 2005). 통각은 어떤 대상에 대한 체험인 동시에 그 체험과정이 내 존재와 관련된 것에 속한다는 직접적인 의식으로 구성된다. 문화콘텐츠를 통해 소비대상을 보고 관찰함으로써 시 · 공간적 차이를 확인하고, 나의 과거 경험을 인식하며 앞으로의 미래 경험을 예측하는 것은 결국 통각적 자기인식의 출발점이라고 할 수 있는 것이다. 문화콘텐츠의 최근 중요한 속성은 인간이 직접 접속하여 바라보고 체험하는 것이다. 그 과정에서 인간은 성찰 과정을 겪게 된다. 그리고 조금 더 넓게 보면 문화콘텐츠를 생산 · 유통 · 소비하는 과정에서는 다른 사회구성원과의 관계성이 내포되어 있는 것이다(김상준, 2007).

문화콘텐츠로 규정된 소비대상을 보고 인간이 관찰하면서 자연스럽게 형성되는 취향의 미적 판단은 보편적 이성의 원리와는 달리 지극히 주관적이기 쉽다. 또한 인간은 문화콘텐츠를 보고 자신이 느낀 감정에 대해서 공감할 수 있는 대상을 찾으려고 노력하기도 한다. 사람들은 특정 문화콘텐츠를 바라보고, 타인과 함께 좋은 점에 대해서 의사소통하기를 원한다. 그리고 나의 견해를 지지하는 근거를 주변에서 찾으려고 노력하게 된다. 우리가 영화, 애니메이션, 게임, 관광 등을 통해 문화콘텐츠를 접하게 될 때, 주위의 사람들에게 공감을 얻기 위하여 문화콘텐츠 체험 중이나 이후에 타인과 함께 이야기하는 경우가 좋은 예가 될 것이다. 인간은 문화콘텐츠의 접속을 통해 스스로 나의 감정을 직접적으로 설명하는 것이 아니라 체험한 문화콘텐츠 대상의 특성을 자신만의 시각으로 지적함으로써 내 현재 감정의 근거를 제시하는 것이다. 문화콘텐츠 접속을 통해 인간이 얻게 되는 감정적 효용성의 근거를 찾으려는 시도들은 콘텐츠 체험과정에서 얻게 되는 성찰적 가치를 이미 인간 스스로가 사고하고 있다는 사실을 보여준다.

3. 문화콘텐츠의 이미지 및 상상력의 의미구성 사례: 관광문화콘텐츠

4차 산업혁명 시대를 맞이하여 과거 산업사회에서 이성과 합리성이라는 이름으로 폄하(貶下)되고 억압받던 이미지와 상상력에 기반을 둔 삶이 사람들에게 중요하게 인식되고 있다. 아이러니컬하게도 과거 이성의 전유물로 여겨진 과학기술문명의 발전에 의해서 이 비이성적 삶의 가치가 지닌 중요성이 확장되고 있다(김종길, 김문조, 2006; 민웅기, 2002a, 2002b) 이미지와 상상력은 어떤 콘텐츠를 바라보고 인식하는 주체가 그 대상에 어떠한 가치를 부여하느냐에 따라 다양한 형태로 나누어지기도 한다.

문화콘텐츠의 이미지와 상상력이 의미를 구성하는 대표적인 사례로 관광문화콘텐츠의 개발 및 활용 과정이 있다. 관광을 촉진하는 다양한 문화콘텐츠에는 이 이미지와 상상력이 함께 작용하게 된다. 일반적으로 이미지는 시각 이미지만을 일컫는 것이 아니라 청각, 촉각, 후각 등 전신의 모든 감각으로 확대하여 생각할 수 있다. 이미지는 물질적으로 표현된 것만 가리키는 것이 아니며, 심리적 원인까지 모두 포함한다. 하나의 이미지가 현실세계에서 존재하려면 반드시 인간의 지각을 통과해야만 한다. 따라서 이미지의 다양함은 감각의 다양함에서 기인하는 것이고, 특히 인간 신체의 감각이 구체적인 이미지 형성에 참여한다고 말할 수 있다. 예컨대 기억 이미지의 경우, 과거 있었던 사실의 충실한 재현이라기보다는 과거와 그 과거를 회상하는 현재 의식의 결합에서 비롯된다. 과거를 재현하는 것은 과거 인간 경험의 내용과 현재 경험의 내용을 일치시키는 것으로 그 자체가 하나의 창조행위가 되는 것이다. 이처럼 기억 이미지는 이를 회상하려는 주체의 현재 의식 · 무의식의 능동적 참여에 따라 달리 나타난다(유평근, 진형준, 2001).

이와 관련하여 일찍이 인간 이미지의 본원적 의미에 대해서 심도 있게 연구한 뒤랑(G. Durand)은 인간의 이미지와 상상력에 대해 바슐라르(G. Bachelard)가 이룩한 업적을 받아들이면서 인간은 평소 무의식과 의식, 논리와 상상력 사이의 역동적 관계를 맺으면서 생활하고 있다고 보았다. 그리고 이 체계적으로 구조화된 인간 의식의 가치를 종합적으로 설명하기 위해서 노력했다(Durand, 1997, 1998).

이미지는 현재 그 자리에서 직접 표현하기 어려운 무의식과 인간에 의해 고백된 의식화 과정 사이의 중개 역할을 한다(유평근 외, 2001; Durand, 1997). 이미지는 문화콘텐츠에 내재된 표명 가능한 기표가 모호하거나 흐릿한 기의를 지시하는 간접적 사고의 유형이라고 할 수 있다. 사람들은 이러한 이미지의 절대성을 확인하고 더 구체적으로 이해하기 위해서 보완된 특별한 상징체계가 필요하다고 인식하고, 그 존재함을 확인시켜주는 의식 행위를 통해 애매한 기의를 정확하게 지적하기 위해 기표를 다시 표현하기도 한다. 문화콘텐츠 소비의 과정은 콘텐츠 이미지의 상징적인 위상과 연관되어 있다.

특히 문화콘텐츠 중 관광자원의 산업화 과정은 이 같은 일련의 이미지를 둘러싼 행위의 복잡한 표현과정이 제도화된 사회적 산물이라고 할 수 있다. 관광문화콘텐츠 연구 과정에서 활동을 유도하는 이미지 연구는 지속되고 있다. 특히 특정 문화콘텐츠를 많이 보유하고 있는 관광지로의 방문은 이미지에 의해서 결정되는 경우가 많다. 문화콘텐츠를 다수 보유하고 있는 관광지 이미지는 '인지적 이미지' 요소와 '정서적 이미지' 요소의 긍정적 평가로 이루어진다. 인지적 이미지는 신념의 총합과 관광지 속성에 대한 개개인의 평가를 의미한다. 주로 관광문화콘텐츠 특성에 내재한 지식과 관련된 평가라고 할 수 있는데, 문화콘텐츠 소비 여부를 결정하는데 중요한 역할을 하게 된다(Gartner, 1994). 한편 관광지 이미지 연구에서 인지적 이미지만으로 복잡한 이미지를 측정하는 것이 부적절하다는 주장에 따라 정서적 이미지에 대한 연구 역시 활발하게 이루어지고 있다(Baloglu & Brinberg, 1997). 정서적 이미지는 관광지에 대한 느낌이나 기분과 관련된 평가로 정의될 수 있다(Baloglu & McCleary, 1999). 정서적 이미지는 관광지에서 관광객들이 추구하는 체험 동기에 근거한 개개인의 가치 평가로 나타나게 된다. 이 같은 정서적 이미지 개념 연구는 관광지에 대한 개인적인 생각이나 느낌을 중요하게 여기는 것에서 시작된다. 문화콘텐츠 소비자가 특정 관광장소에 대해 가지고 있는 이미지가 물리적인 속성에 의해서만 결정되어지는 것이 아니라 문화콘텐츠를 체험하는 소비자의 정서적인 즐거움과 흥분 등의 감정이 평가에 복합적으로 영향을 미칠 수 있음을 보여주는 것이다(Baloglu 외, 1997). 이를 종합적으로 정리해보면 관광목적지의 이미지란 특정 목적지에 대해 잠재 관광객이 가지고 있는 객관적인 지식, 인상, 신념 및 지각의 총체라고 할 수 있으며, 문화콘텐츠 체험과정에서 사람들은 이미지의 접촉과 상상력에 의한 활동을 통해 의식적으로 공간적 · 시각적 조직화를 꾀한다(원융희, 2003).

관광문화콘텐츠는 인간심리현상 속에서 이미 표현된(manifested) 상상계와 잠재화된(latent) 상상계를 서로 융합적으로 결합할 수 있도록 기능한다. 관광은 공식적이고 규범화된 상상계와 야생적인 잠재적 상상계 사이의 융합적 사고과정을 가리키는 헤르메스(Hermes)적 사고가 나타나는 대표적인 문화콘텐츠 체험 행위라고 할 수 있다(Durand, 1998). 그리스로마신화에서 헤르메스는 신의 세계와 인간의 세계 등을 자유롭게 넘나드는 전령(傳令)의 신을 일컫는다. 즉 단절된 삶의 영역을 문화콘텐츠를 통해 연계하여 체험하게 될 때 사람들은 이를 일컬어 헤르메스적 삶에 적용하여 연구한다. 관광의 주요 도구이자 수단인 다양한 문화콘텐츠 속에는 융합적인 상징적 연계들의 반복이 이어지면서 중개자로서의 헤르메스적 사고가 끊임없이 발산되고 있는 것이다. 문화콘텐츠 소비자들은 자신과 타자 간 활발한 의사소통을 통해 쾌락적인 시각적 감각을 유발하는 수단들과 내재된 성찰적 목적을 파악하고 총체적 이미지들을 자신의 기호에 맞게 재검사하여 결국 자신의 기호에 맞는 콘텐츠를 선택하여 체험하게 된다.

여행을 유도하는 문화콘텐츠 생산자들은 문화콘텐츠 접속자들이 인식한 이미지를 여가향유 목표를 염두에 두고 접근할 수 있도록 목표 이미지로 바꾸기 위한 설득작업을 한다. 따라서 이들은 의식 주체들이 외부적인 조건에 의해 호감을 갖도록 끊임없이 좋은 문화콘텐츠 이미지를 제공하려고 노력한다(원융희, 2003; 이인재, 조광익, 2003). 관광문화콘텐츠 기호들의 접속과정에는 이미지가 개입되어 있고, 사람들은 그 이미지에 기초하여 행동하게 된다. 그 과정에서 얻게 되는 '심미적 판단'은 인간이 스스로 보유하고 있는 상상력의 자유로운 활동에 의해 가능하다. 관광문화콘텐츠의 효용성은 상상력이 자유롭게 활동할 때 체험자 모두에게 동일하게 적용되지 않는다. 상상력의 자유로운 활동은 문화콘텐츠 소비자로 하여금 그 자체로서 경직된 개념으로부터 벗어나 자유로운 체험에 이르게 한다.

관광자는 자신의 상상력을 통해 자유로운 활동을 하게 되고, 그 안에서 어떤 대상의 형식에 대하여 심사숙고함으로써 쾌감을 느끼게 된다. 모든 경험적 인식에 반드시 필요한 능력들은 상상력과 인간의 이성적 인식능력 사이의 상호관계와 합목적적인 조화를 이루는 과정에서 발견되기 때문이다. 또한 우리가 관광을 통해 다채로운 문화콘텐츠를 소비할 때 그 대상에 대해서 느끼는 쾌감의 근원은 상상력의 자유로운 활동으로부터 생겨난 어떤 능력, 즉 자신의 이성적 능력들의 조화로운 작용을 경험하고, 그 조화를 외부의 경험적 세계에도 적용하는 능력이라 할 수 있다. 이 과정을 통해 인간은 자신 안에서 발견되는 형식적 통일성을 문화콘텐츠에서 파악하게 된다. 이것이 바로 우리가 느끼는 쾌감의 근원이며, 우리가 아름다움을 느끼는 공통적 감각의 기초를 형성하는 요소이다.

이처럼 문화콘텐츠를 둘러싼 인간의 의식작용은 언제나 총체적인 체험 차원에서 이루어지며, 이 과정에서 여행, 관광은 인간에게 창조적 상상력으로의 참여를 활성화시키는데 중요한 역할을 한다. 일찍이 바슐라르(G. Bachelard)는 인간이 특정 현상에 대한 이미지와 현실을 변형하고 창조하는 상상력의 힘이 삶에 있어서 중요하다고 보았다(Bachelard, 2003). 그 역동적 구조들이 모여 많은 사람들의 삶의 지형을 다르게 분포시킬 수 있는 것이다. 또한 이미지들은 인간이 지각한 것들이 수동적으로 각인되어 표현된 것도 아니고, 밤에 꾸는 꿈처럼 무의식 활동의 결과도 역시 아니다. 상상력과 이성의 활동은 인간심리 속의 각기 다른 의식 활동 영역에 속하며, 이들은 상호보완적이다. 여기서 말하는 상상력은 현실 원칙과 대립하는 비현실 원칙에 지배되는 것이 아니며, 명백한 의식 또는 지각에 종속되는 하위개념도 아니다. 이미지는 단순한 상징적 형태가 아니라 상상력을 촉발하는 구체적인 물질을 만나 구체적으로 활동함으로써 그 의미를 갖게 되는 것이다. 바슐라르는 그러한 물질 중 대표적인 것으로 '물, 불, 공기, 대지'의 4원소를 꼽았으며, 이들은 상상력의 원재료로서 인간을 정신적으로 성숙하게 유도한다고 논의했다(Bachelard, 2003). 물론 현재 많은 문화콘텐츠의 원형 역시 바로 이 원소들이 차지하고 있는 것이다.

문화콘텐츠를 주도하면서 상상하는 인간 주체는 논리적으로 사고·분석하는 주체와 대립되는 사고를 하게 된다. 여기서 주목해야 할 것은 앞서 바슐라르가 물, 불, 공기, 대지의 4원소에 대한 상상력과 이와 관련된 몽상의 사회를 예견하고 서술해 나갔다는 점이다(Bachelard, 2003). 사람들은 문화콘텐츠 체험을 통한 상상력에 의해 자신의 정체성을 확립하며, 그들이 구성하고 의미하고자 하는 인식의 실마리를 마련해간다. 한 예로 개인의 여행 과정에서 문화콘텐츠 소비자들은 외부 환경에 노출된 문화콘텐츠 중 자신이 체험할 것을 선택하게 된다. 그 선택들에 의해 이루어지는 체험 활동을 통해 인간은 새로운 자신의 정체성을 새롭게 발견하거나, 과거 깨닫지 못한 자신의 정체성을 인식하기도 한다. 여행에 의해 형성된 몽상적 사고를 통한 비일상 영역 문화의 일상생활로의 적용은 이 과정에서 구체화된다.

4. 시각적 문화콘텐츠의 중요성과 관광문화콘텐츠의 의미화

지금까지 살펴본 바와 같이 여행, 관광은 문화콘텐츠의 가치 창출과정에서 탄생한 새로운 소비영역이다. 여행을 함에 있어서 인간이 대상물을 지각하는 순간 대상물은 기표화된다. 체험대상인 문화콘텐츠 대상물 자체의 존재는 그것을 보는 모든 사람들에게 있어 특별한 것을 의미한다. 사람들은 합리적 · 기능적 측면에서 단지 욕망하는 것 이상의 무엇인가를 의미부여하게 된다. 단순한 재화의 소유나 서비스 접속에서 비롯되는 만족이 아닌 인간 본연의 욕구만족에서 비롯되는 성찰적 사고에 기인한 내면의 의식을 확장시키는 것이다. 이 일련의 과정을 합리적이며 근대적인 삶의 방식으로만 설명할 수 없는 것은 인간의 감성적 영역 내 존재하는 상상력 속에 비합리적 영역과 합리적 영역이 혼재되어 있기 때문이다.

사회구성원들은 가족, 친구, 집단, 사회계층, 문화 등 여러 환경과 상호작용하며 살아간다. 이러한 환경 요인들은 사회구성원들이 관광이라는 문화콘텐츠 체험과정을 하는데 많은 영향을 미치며 복잡한 의미화 과정을 보인다(이주형, 송광인, 최영기, 류인평, 2006). 문화콘텐츠의 체험과정에서 나타나는 의미화 과정은 인간의 감정적 사고과정, 외부환경 인식, 환경적 자극에 대한 인간의 반응 행동 등으로 나누어서 생각해볼 수 있다. 이때 감정적 사고는 인간의 정신 내부에서 일어나는 활동을 뜻하며, 외부환경의 인식은 여행하는 사람이 외부세계에서 느끼게 되는 물리적 자극과 사회적 자극의 복합물에 대한 느낌을 스스로 체화하는 과정을 의미한다. 또한 환경적 자극에 대한 인간의 반응 행동이란 구체적인 문화콘텐츠 향유과정을 의미한다. 이처럼 문화콘텐츠를 체험하고 향유하는 다양한 요소들을 연결시켜주는 것이 앞서 말한 바와 같이 상상력이다. 여행 과정에서 상상력을 매개로 모든 사람들이 자신만의 차별화된 의식적 상호작용을 하게 되는 것이다. 문화콘텐츠의 체험과정을 연구함에 있어서 다양한 문화적 구조의 영향력과 함께 사회구성원들의 능동적인 의식과 행동을 함께 연구해야 하는 것은 바로 이 상상력이 그 과정에서 어떻게 매개되는지를 논의해야 함을 의미한다.

바로 이 문화콘텐츠 체험은 대부분 시각적으로 보는 행동에서 시작된다. 인간이 어떤 특정 문화콘텐츠 대상을 바라보는 시선은 본질적으로 시간과 공간의 재배치 과정을 전제로 한다. 어떤 대상에 대해서 관찰자는 자신이 지금까지 경험한 문화적 특성을 투영시켜 대상을 구체화하게 된다. 그리고 그 과정에서 나타나는 관찰자의 주관적 시각(subjective vision)은 특정 사회문화적 환경과 제도적 · 경제적 요구에 대한 인간의 대응이라는 새로운 가치를 만들어 낸다(Crary, 2001). 이 일련의 과정을 통해 관찰자는 분리되고 낯설어진 공간 안에서 새로운 체험대상과 자신의 관계에 대해 의미부여 하게 된다. 이처럼 문화콘텐츠연구에서 '본다' 는 것의 의미를 연구하는 과정은 이 같은 이유 때문에 중요한 것이다(Berger, 1987).

이처럼 '보는 것'에 대한 상징적 의미에 대한 인식은 인간 생활의 재구조화에 대한 인식에서 기인한다. 그 의미는 일찍이 버거(J. Berger)의 저작인 『보는 방법(Ways of Seeing)』에 잘 나타나 있다(Berger, 1987). 우리가 어떤 대상과 현상을 바로 보고 이해하고 인식하는 과정에서 나타나는 재구조화 현상을 새로운 시각으로 표출되는 이야기 서술방식의 근본적인 개조를 의미한다. 결국 다채로운 문화콘텐츠를 봄으로써 얻는 인식내용들은 사건의 동시성과 확장성에 대한 끊임없는 심리적 고려의 결과이다. 모든 현상에 대한 인식은 시간과 공간적인 투영을 필요로 한다.

문화콘텐츠의 시작을 상징적으로 알리는 '본다' 라는 행위는 어떤 문화콘텐츠와 그 외부환경의 세밀함을 인식해나간다는 의미를 내포하고 있다. 시각은 일정한 학습과 수련을 필요로 하는 언어적 이미지와는 달리 우리의 직관과 정서에 직접 작용한다. 그런 의미에서 바라보는 주체, 즉 그 무언가를 회화적으로 재현하는 주체는 듣는 주체나 말하고 쓰는 주체보다 대상과의 관계에 있어서 더 원초적이다. 마주치는 대상 하나하나의 경이로움에 잠깐이나마 머물러 그 전체적인 의미를 되새겨보고 다시 출발하기 때문이다.

이 같은 문화콘텐츠 체험의 한 사례로 관광을 통해 문화콘텐츠를 체험하는 과정은 시각의 범위가 한 발 느리게 움직이는 것이며, 때로는 잠시 멈추어 서서 똑같은 사물일지라도 그것이 지닌 새로운 양상을 물끄러미 시각적으로 주시하는 것이다. 여행이 성숙한 자아 형성에 도움이 되리라는 점은 바로 이 본다는 의미와 연관되어 있기 때문이다. 즉 그 과정에서 외부의 어떤 것에 대한 기본적인 통찰의 틀이 숨어있다면 특이한 경우를 제외하고 관광 문화콘텐츠 체험에는 자기 성찰의 의미가 담겨 있는 것이다.

한편 사람들이 연속적으로 전개되는 문화콘텐츠의 시 · 공간적 특징에 대한 이야기 줄거리에만 의존하여 이를 향유하거나 민감하게 사고할 필요는 없다. 왜냐하면 현대사회는 동시적인 시간적 성질의 무수히 많은 일들이 발생하고 있으며, 다양한 이야기 구조가 재편되기 때문이다. 특히 여행 과정에서 체험하게 되는 관광문화콘텐츠는 외부환경의 심오한 재구조화에 대한 인식과 지리적 발견에 대한 명확한 자각 속에서 중요한 의미를 지니고 있다. 이 때문에 문화콘텐츠를 연구함에 있어서 관광에 대한 인문학적 연구는 주관성에 근거한 의미 있는 비판적 관점을 제공한다.

관광은 환경의 시간성, 공간성, 그리고 사회적 존재로서의 인간 본질의 모든 면을 포괄하는 추상적인 문화콘텐츠 자원으로 이루어져 있다. 여행을 하는 사람은 다양한 체험을 위해 문화콘텐츠를 '봄' 으로써 그러한 추상적 차원의 실재를 경험적 실존으로 바꾸고 스스로 구성해 나간다. 이는 다른 의미의 새로운 사회적 산물로서 사람들에게 기능한다. 따라서 인간 존재의 시·공간적 질서는 세상의 존재를 반영하고 배열하는 자기구성적 체험에 의해서 다시 태어나게 된다.

최근 동적 여가활동의 하나로 여행에 참여하는 사람들은 그들이 '어떤 문화콘텐츠를 구매하고, 왜 구매하는가' 라는 선택사항에 대한 결정권을 가지고 있다. 그 선택들에 대해 자신만의 통찰력과 자유를 갖고 있는 것이다. 자신이 결정한 소비패턴을 분석할 수 있으며, 선택에 영향을 준 다양한 요인들을 이해함으로써 보다 현명한 문화콘텐츠 소비를 지속적으로 유지할 수 있다. 이와 함께 관광자들의 행동에 대처하기 위한 문화콘텐츠 마케터와 정책 수립자들의 과업은 시간이 갈수록 복잡다단해지고 있다. 이들은 문화콘텐츠 체험자들이 어떻게, 왜 특정 소비결정을 내리는지를 이해하기 위해서 그들을 끊임없이 지원, 규제, 통제하기 위한 대안을 마련해두고 있다.

이 같은 맥락에서 시각적 문화콘텐츠의 체험 활동으로 이루어지는 관광은 여러 가지 인간 삶에 실존적 의미를 부여하고 있다. 여행을 통해 어떤 시각적 문화콘텐츠 대상을 본다는 것은 대상으로부터 얻게 되는 구별되는 감각인 감각적 쾌감과 관조적 쾌감의 결합으로 이어지게 된다. 이제 관광을 통해서 사람들이 여러 가지 시각적 문화콘텐츠 체험에서 얻는 가치들은 그들 스스로 삶을 성찰할 수 있는 여러 가지 기회를 부여하고 있는 것이다.

05

문화콘텐츠와 마케팅

포스트모던
시 대 의
문화콘텐츠와
체 험 문 화

5장

문화콘텐츠와 마케팅

1. 문화콘텐츠 기반 마케팅 과정

산업사회에서 지속되어 온 생산력 확대와 더 많은 자본 투자는 우리의 삶을 양적으로 성장시켰다. 물질적으로 과거보다 풍요로운 생활을 경험한 사람들은 유형(有形)의 물질적 실체가 있는 상품 이외에 무형(無形)의 상품, 서비스 등의 소비에도 관심을 보이기 시작했다. 그 과정에서 생산된 문화콘텐츠의 공급과 유통을 통한 자본축적 과정에 영향을 주는 마케팅(marketing)의 노력과 경쟁은 치열하게 진행되고 있다. 마케팅을 통해 기업은 소비자에게 상품이나 서비스의 가치를 알리고, 소비자의 상품 및 서비스 구매로 인해 자본을 공급받는다.

상품 생산자와 소비자의 교환관계를 담당하는 시장 영역에서는 다양한 이해관계가 발생하게 된다. 마케팅은 단순히 상품을 파는 것이 아니라, 내재된 소비자의 욕구와 가치까지 함께 교환되도록 유도하는 행위이다. 특히 문화콘텐츠 기반 마케팅의 경우 그 파급효과가 기업의 존립여부는 물론 사회구성원들의 삶의 질까지 결정하기도 한다.

지금도 수없이 발굴되는 문화콘텐츠들의 경제성을 추구하기 위해서는 소비자의 작은 욕구까지 충족시킬 수 있는 문화콘텐츠들을 개발, 생산, 브랜드화하여 관련 고객들의 욕구를 충족시킬 수 있는 시장세분화 과정이 요구된다. 시장세분화(market segmentation)란 전체 문화콘텐츠 시장에서 유사한 특성을 갖는 소비자의 다양한 특징을 기준으로 시장의 범위를 나누는 과정을 의미한다. 이를 통해 얻어진 하위집단을 세분시장 또는 하위시장이라고 한다. 일반적으로 시장세분화 과정은 사람들이 소비하고자 하는 문화콘텐츠를 결정하는데 있어서 중요하다고 여기는 그들의 가치와 욕구를 생산자들이 발견해 내고, 이를 적절한 고객특성에 따라 범주화 한 후, 판매에 가장 유리한 시장을 표적시장(target market)으로 선정하는 과정을 거치게 된다(양길승, 2008; 홍장원, 2002).

최근 본격적인 포스트모던 사회를 맞이하여 소비자의 욕구가 분화되고 있는 현 시점에서 시장세분화 전략과 연계한 표적마케팅(target marketing)은 중요한 상품 판매 전략이 되었다. 수많은 문화콘텐츠를 두고 이루어지는 기업의 마케팅 과정에서 구체적인 문화콘텐츠 상품, 서비스를 독자적으로 브랜드화하여 이를 소비자에게 각인시키는 시장세분화를 통해 표적마케팅이 완성되는 것이다(윤세환, 박진영, 2009; Ekinci & Hosany, 2006).

일반적으로 기업의 경영 성패는 시장에서의 경쟁 관계에서 어떤 위치를 차지하느냐에 따라서 결정된다. 현재 시장상황은 과거 산업사회에서처럼 생산자 우위의 시대라고 보기 어렵다. 다양한 미디어를 통해 제품 · 서비스와 관련된 상세한 정보들을 소비자가 쉽게 취득할 수 있다는 점 때문이다. 문화콘텐츠와 관련해서도 최근 들어서 콘텐츠 판매자보다는 구매자 중심으로 그들에게 유리하게 시장질서가 재편성되고 있다. 다양한 소비자 운동이 활발하게 진행되면서 이러한 경향은 더 커지고 있다. 따라서 문화콘텐츠를 소비하는 사람들의 인구통계학적 특성과 취향, 생활양식 등을 조사 · 분석하는 것은 구체적인 마케팅 과정에서 사전에 진행되어야 하는 주요 과업이라고 할 수 있다.

마케팅을 수준별로 분류하면 기업수준의 마케팅, 사업수준의 마케팅, 운영수준의 마케팅으로 분류가능하다. 첫째, 기업수준의 마케팅은 소비자의 욕구와 경쟁자의 제품을 분석하여 시장의 매력을 평가하고 잠재적 경쟁의 유효성을 고려하여 소비자 지향적인 욕구를 반영하는 전반적인 가치 구현으로 이루어진다. 둘째, 사업수준의 마케팅은 선정된 표적시장에서 자사(自社)의 제품이 어떻게 다른 경쟁사의 그것과 경쟁할 것인지를 인지하는 것에서 시작된다. 이 경쟁전략은 선정한 표적시장에서 경쟁에 사용할 수 있는 기업의 자원과 기능을 토대를 이루어지며, 표적시장 내 사업 진행의 위상을 정립하면서 더 심화되어 진행된다. 셋째, 운영

수준의 마케팅은 흔히 4Ps로 요약되는 제품(product), 가격(price), 유통(place), 촉진(promotion)이라는 전통적인 마케팅 믹스(marketing mix)를 중심으로 운영되는 방법이다. 마케팅믹스는 마케팅 목표를 달성하기 위해서 마케팅 활동 중 활용되는 다양한 방법을 전체적으로 균형 있게 조정·구성하는 과정을 일컫는다. 마케터는 내부적으로 시장의 욕구와 기업의 기술적 역량을 연결하고 외부적으로 고객을 제품개발 과정에 참여시키는 등 고객과 기업 역량을 연결시키는 통합자로서 기능한다(김학윤, 이호배, 1996).

본격적인 4차 산업혁명 시대를 맞이한 현재 시점에서 문화콘텐츠 상품 및 서비스의 마케팅 전략들은 소비자의 비가시적인 욕구 변화에 초점을 맞춰 진행되고 있다. 또한 문화콘텐츠 소비자들은 그들의 개인화된 욕구만족을 위해 온-오프라인을 넘나드는 여러 커뮤니티 활동 등을 통해 기업의 마케팅에 적극적으로 대응하고 있다. 그리고 문화콘텐츠 상품과 서비스를 판매하는 기업들은 개별화, 파편화되어 있는 소비자의 특성에 맞춰 개방형 혁신 전략을 추구하기 시작하고 있다. 정보통신기술을 활용한 네트워크화 전략은 디지털 문화콘텐츠 마케팅의 한 방법이라고 할 수 있다. 문화마케팅 과정에서 온-오프라인 네트워크를 통한 다양한 프로그램들의 패키지화 전략이 진행되고 있으며, 가상현실이나 증강현실 등의 과학기술을 통해 새로운 소비시장이 구축되고 있다.

소비자의 입장에서는 다양하게 생산되는 문화콘텐츠 상품을 능동적으로 소비하기 위해서 여러 가지 교육과 훈련이 필요한

데, 이는 곧 문화자본(cultural capital)의 형성을 요구하는 것이라고 할 수 있다(Bourdieu, 1984). 일찍이 부르디외는 이 문화자본의 연구 가치에 대해서 본격적으로 논의했다. 그는 생산수단과 관련된 계급 위치를 고찰한 마르크스(K. Marx)와 지위집단에 관한 베버(M. Weber)의 연구성과를 연계하기 위해 노력했다. 그는 자본의 영역을 경제, 사회, 문화의 상징적인 부분으로 분류하고, 계급성과 문화적 취향 간 연관성에 대해서 문화자본의 개념을 차용하여 논의한 것이다(Bourdieu, 1984). 마케팅 과정에서 문화자본에 주목해야 하는 것은 문화자본의 보유 정도에 따라서 문화콘텐츠의 향유 여부가 결정될 수 있기 때문이다. 소비자의 교육수준과 다양한 체험 유무 등을 통해 구성되는 문화자본에 의해서 기업이 생산하는 여러 가지 문화콘텐츠는 서로 다른 방식으로 소비자에게 전달된다. 이 다양한 자본의 영역들은 소위 객관적 위치들의 연결망이라고 볼 수 있는 장(場, field) 속에서의 행위자 위치에 따라 달라질 수 있으며, 사람들은 그 활동 공간 속에서 타인과 관계를 맺으며 문화적 수준을 인식하고 행동하게 된다.

한편 부르디외는 사람들이 사회세계에서 행동할 때 고려하게 되는 정신적이고 인지적인 구조라고 할 수 있는 아비투스(habitus) 개념을 통해 문화 현상을 설명했다. 아비투스는 사회세계의 구조들이 내면화되어 나타난 산물이라고 할 수 있다. 사회에 영향을 받아 개인에게 체화되어 버린 일종의 구조화된 습관이라고 할 수 있는 것이다. 아비투스는 사람들의 객관적인 사회적 위치에서 내면화된 사고, 취향 등에 따라 다르게 내재화될 수 있다. 일단 한 인간에게 내재화된 아비투스는 다시 인간의 새로운 실천 행동을 만들어 낸다(Bourdieu, 1984).

아비투스는 개인의 사회화 과정 속에서도 자연스럽게 형성된다. 그 좋은 예가 현재 부모세대(기성세대)들의 사회문화적 삶의 내용이 자녀의 사회화에 영향을 미치는 것이다. 사회화 과정에서의 다양한 충격은 대부분 생애주기의 마지막까지 지속적으로 이어진다. 부르디외의 연구는 결국 서로 다른 문화소비패턴에 대한 연구로 이어지게 된다(조광익, 2006; Bourdieu, 1984). 문화콘텐츠의 소비 역시 부르디외가 말한 아비투스에 따라 사람마다 서로 다른 소비형태로 나타난다는 것이다.

사람들은 자신의 성향에 맞게 자신의 생존환경을 조정하기도 한다. 그리고 그 생존환경의 상이함이 서로 다른 문화콘텐츠 상품의 소비성향으로 이어지게 되는 경우가 많다. 그리고 그 과정에서 계급적 위치에 따라 사회적으로 물려받은 자연스러운 문화적 취향이 생기기도 하는데 이를 가리켜 문화자본(cultural capital)이라고 명명한다. 이 문화자본은 지식이나 관념의 형태로 된 자산인데, 이 문화를 향유할 수 있는 능력을 통해 지위와 권력의 유지가 정당화되기도 한다. 문화콘텐츠의 구별된 소비 역시 이 같은 문화자본의 획득을 사회적으로 알리고 지배체계를 정당화시키는 이데올로기적 권력 행사로 이어지는 경우가 많다.

문화콘텐츠의 진지한 소비과정은 대부분의 일반적인 재화의 소비와는 달리 시간과 비용, 노력이 필요한 고(高)관여 여가활동으로 이어지기 쉽다. 고(高)관여 상황은 수신대상의 의사소통 및 메시지에 대한 개인적 관련 정도가 높은 상황을 말한다(Petty & Cacioppo, 1981). 관여의 심리적 특성은 특정 자극이나 상황에 의해 고취된 각성, 관심, 충동의 정도를 나타내는 상태 변인이다(Mitchell, 1979). 또한 개인적 중요성, 위험, 즐거움, 상징적 가치 등의 차원으로 구분되는 다차원적 개념이기도 하다(김영준, 1996). 이 관여의 정도를 통해 소비자들은 특정 문화콘텐츠의 구매 여부에 대한 의사결정을 하기도 한다(Houston & Rothschild, 1977). 어떤 제품과 서비스에 대한 관여 정도는 개인이 지닌 그 제품에 대한 가치에 대한 인식에도 영향을 미친다.

예를 들어 처음에는 부담 없이 영화를 보게 되지만, 차츰 특정 감독과 시나리오 작가, 장르 등에 대해 관심을 가지게 되고 그 부분을 학습하면서 영화콘텐츠에 접근하게 된다. 음악, 연극, 역사박물관 관람, 역사문화유적지 방문, 온라인 게임 등 대부분의 문화콘텐츠는 이 같은 과정을 거치게 된다.

일반적인 여가활동과 마찬가지로 문화콘텐츠를 소비하는 여가활동 과정에서도 제약요인이 따르는데, 처음에는 특정 문화콘텐츠에 대한 경험부족으로 인해 상품소비를 위한 의사결정과정에서 어려움을 겪는다. 더군다나 사전 지식이 없는 상태에서 문화콘텐츠를 위해 원하는 정보를 검색하는 것은 어려운 일이다. 이러한 이유로 문화콘텐츠와 관련된 정보를 검색하고 학습하는 노력은 문화콘텐츠 향유를 위한 과정에서 중요하다.

따라서 마케팅은 문화콘텐츠 향유를 위해 소비자들에게 여가활동에서 발생하는 여러 가지 정보 등의 여가제약 요소들을 극복할 수 있게 해준다는 점에서 중요하게 작용하기도 한다. 또한 기업의 입장에서는 특정 문화콘텐츠 소비자가 어떤 아비투스에 영향을 받고, 어느 정도의 문화자본이 내재화되어 있는지를 검토하여 거기에 맞는 시장세분화 전략에 기반을 둔 마케팅을 해야 한다.

문화콘텐츠를 활용한 여가활동이 한 개인에게 실현되는데 제약을 가하는 여러 가지 요인들의 연구는 개인의 여가활동 참여빈도, 강도, 기간, 질에 대한 한계 등과 함께 논의해야 한다(박수정, 2004). 마케팅은 이러한 제약요인을 극복할 수 있도록 소비자의 현재 상황을 정확하게 파악하는 것에서 시작해야 한다. 우리가 일반적으로 말하는 여가제약(leisure constraints)이란 사람들이 여가활동의 목적을 달성하기 위해 자신이 선호하는 여가범주에 참여하고자 할 때, 자신이 원하는 만큼의 충분한 여가를 균등하게 즐기지 못하게 되는 상태를 의미한다(Raymore, Goodbey & Crawford, 1994). 이 여가제약은 개인의 궁극적인 참여를 제한하거나 방해하는데, 여가참여와 여가에 대한 만족정도에 영향을 미치며, 개인이 특정 여가활동을 기피하거나 중단하게 만든다(Jackson, 1993). 또한 여가행동의 내적 심리상태나 외적 환경이 여가활동 참여로 얻을 수 있는 혜택이나 만족감등을 방해하거나 감소시킨다(이영숙, 박경란, 2009; Jackson, 1993). 따라서 기업들은 마케팅 과정에서는 소비자가 경험하는 여가제약 요인들을 극복할 수 있는 다양한 수단들을 제공해주어야 한다.

최근 4차 산업혁명기를 맞이하여 진행되는 정보네트워크 구성을 통한 온라인 마케팅 전략은 사람들의 문화콘텐츠 이용에 대한 제약요인을 극복하게 해주고 향유하고자 하는 문화콘텐츠 자원에 대한 접근성을 높여주고 있다. 온라인을 통한 접근성 강화로 여러 가지 문화콘텐츠를 소비자가 자유롭게 향유할 수 있는 기회가 부여된다는 것은 일반적인 상품 및 서비스의 경쟁관계에서 비롯되는 경합성을 특징으로 하는 여가제약 요인을 극복했다는 의미이다. 소비자가 관심을 가지고 있는 문화콘텐츠를 파악한 후 그들에게 개인화된 관련 상품을 알림, 검색, 구매까지 연결시켜 제공하는 이 관심의 경제체계는 고객들의 소비 제약요인을 극복하게 도와주고 있다. 이 같은 서비스 체계의 급속한 확산은 기업 입장에서 소비자가 특정 상품에 대해서 가지는 관심 여부가 판매에 중요한 영향을 미치고 있음을 잘 알고 있다는 사실을 보여준다.

2. 문화콘텐츠 마케팅의 두 가지 원리: 시·공간의 제약을 극복하는 문화콘텐츠 마케팅과 시·공간 자원에 기반을 둔 문화콘텐츠 마케팅

문화콘텐츠 기업은 여러 가지 마케팅 활동을 통해 소비자의 관심이 지속적으로 유지될 수 있도록 노력해야 한다. 마케팅은 문화콘텐츠의 종류에 따라 다르게 적용될 수 있다. 문화콘텐츠가 시 · 공간에 한정되지 않고 온라인 가상공간에서 소비자에게 전달되는 속성을 지닌 것이 있고, 철저하게 장소성에 근간을 둔 시 · 공간에 기반을 둔 문화콘텐츠를 통해 마케팅이 이루어지는 경우가 있다.

1) 시 · 공간의 제약을 극복하는 문화콘텐츠 마케팅

시 · 공간의 제약을 극복하는 마케팅은 주로 사이버공간에서 다루는 문화콘텐츠의 경우에 해당된다. 소위 Web 2.0 시대에 구현되는 참여 · 공유 · 개방의 가치에 입각한 삶의 원리가 작용하는 온라인 문화콘텐츠는 그 개념 그대로 소비자가 직접 참여하여 만들기도 하고, 의미 있는 문화콘텐츠를 사이버공간의 접속자와 공유도 하며, 저작권에 위배되지 않는 범위 내에서 개방하기도 한다. 그리고 그 과정에서 문화콘텐츠 기업은 정보통신기술을 매개로 한 콘텐츠 상품의 가치를 창출하기 위해서 자사의 상품콘텐츠가 다른 콘텐츠와 구별되는 가치가 있다는 것을 소비자에게 알리는 '누설' 의 원칙, 관심을 가져 올 수 있는 상품콘텐츠를 한 곳에 모으는 '결집' 의 원칙, 매력 있는 관련 상품 간 상호연계 및 표준화 등의 과정들을 통해 환경에 적응할 수 있는 상품 가치를 창출하는 '유연적응성' 의 원칙을 갖춰야 한다(송해룡, 2009).

이처럼 사이버공간에서 이루어지는 특정 문화콘텐츠의 마케팅은 시 · 공간의 제약을 극복한 형태로 이루어진다. 따라서 Web 2.0의 가치인 참여, 공유, 개방의 문화와 일치하는 상품 및 서비스 마케팅을 위한 미디어 시스템 구축이 필요하다. 온라인 마케팅 네트워크 및 사이버공동체 구축은 다양한 문화콘텐츠 마케팅 과정에서 상품을 소비하는 주체가 적극적으로 정보교류에 참여할 수 있는 기회와 동기를 부여함으로써 편익의 비교와 교환이 효율적으로 이루어질 수 있게 해준다(노영희, 2004; 양길승, 2008).

이와 관련하여 일찍이 로젝(C. Rojek)은 여가와 관련된 문화상품의 산업적 요소들이 원활하게 운영될 때, 사람들의 여가욕구를 만족시킬 수 있는 상품 및 서비스의 체계가 잘 갖추어질 수 있다고 보았다. 그리고 관련 기업들은 소비자와의 의사소통을 통해 다양한 문화콘텐츠 활용과 관련된 수요를 창출하게 된다고 주장했다. 그 여가 관련 문화콘텐츠 산업군은 융합적인 성격을 지닌 사업체들로 구성되고 있다. 그는 여가와 관련된 문화산업이 일정한 집단을 위해 지속적인 이윤을 창출하고자 하는 방향으로 발전한다고 보고, 이를 여가의 상업화라고 논의했다(Rojek, 1984). 즉 문화콘텐츠의 상업화 과정에서 마케팅은 그 과정을 추동하는데 있어서 매우 중요한 역할을 하는 것이다.

더군다나 최근 과거 매스미디어를 통해 사람들에게 일방적으로 전달만 되는 문화콘텐츠 공급 시스템과는 다른 형태의 마케팅이 사이버공간에서 나타나고 있다. 이처럼 시·공간의 제약을 극복한 형태로 나타나고 있는 새로운 마케팅은 문화콘텐츠 생산자와 소비자의 원활한 상호작용을 통해 이루어진다. 과거 문화콘텐츠 생산자의 일방적인 정보전달 형태로 이루어진 콘텐츠 시장의 운영원리는 소비자들을 수동적으로 만들었다. 하지만 현재 소비자들은 온라인 공간에서 획득한 정보력을 바탕으로 문화콘텐츠와 관련하여 더 개방적이면서 주도적인 인지능력을 보유하고 있다. 이런 의미에서 사이버공간은 일상적 긴장을 피할 수 있도록 문화콘텐츠에 대한 순기능적 의미부여 과정을 소비자들에게 부여하고 있다.

문화콘텐츠 소비는 충만한 상징물의 형태로 구현되는 의미유희의 향유과정이다. 문화콘텐츠를 활용한 여가소비자는 과거 산업화시대를 지배한 시장 영역이 생산한 상품에 대해서 의미를 부여하는 것이 아니라 문화상품을 소비하는 행위 자체에 대해 적극적으로 성찰하고 있다. 인터넷시장은 소비자들이 인터넷을 통해 많은 정보를 습득할 수 있기 때문에 공급자와 동등한 수준의 정보를 가진 소비자 중심으로 시장질서가 변모할 가능성이 많다. 그리고 현재 그렇게 진행되고 있다. 소비자 입장에서 보면 상품구매와 관련된 일련의 행동들을 원활히 수행할 수 있기 때문에 효율성이 크다. 온라인 시장의 효율성은 기존 시장에서 누릴 수 없었던 많은 혜택을 소비자의 복지적 차원에서 누릴 수 있다는 것이 큰 장점이다. 문화콘텐츠 선택 대안의 효율성이나 탐색 정보의 풍부성 등이 그러한 현상의 실현을 가능하게 한다. 그동안 문화콘텐츠 소비영역의 주변부에 위치했던 사회소외계층들이 더 이상 시 · 공간의 제약상황에 머무르지 않고 함께 체험할 수 있는 시 · 공간으로 이동할 수 있게 된 계기를 마련해주고 있는 것이다. 기업들의 인터넷을 통한 활발한 마케팅도 이 같은 소비자의 욕구를 충족시키는 방향으로 발전하고 있다.

2) 시 · 공간 자원에 기반을 둔 문화콘텐츠 마케팅

소비자가 구체적으로 향유하는 문화콘텐츠는 시 · 공간에 기반을 둔 물리적 실체의 개념으로도 접근 가능하다. 예를 들어 특정 장소에서 문화재가 발굴되었다면 그 공간에 대한 방문 자체가 하나의 중요한 문화콘텐츠 소비가 된다. 즉 시 · 공간 자원에 기반을 둔 문화콘텐츠 마케팅에 의해 시장질서가 활발하게 촉발되기도 한다. 특히 어떤 장소에 포함된 문화콘텐츠들이 무엇인지를 소비자가 인식하는 정도가 클수록 마케팅은 성공적으로 수행되었다고 볼 수 있다. 여기서 말하는 장소(place)란 물리적 실체와 인간행위의 결과물이 결합된 의미를 가진 공간적인 실체를 말한다. 그리고 장소마케팅(place marketing)이란 특정 장소를 관리하는 개인이나 조직에 의해 추구되는 일련의 경제적 · 사회적 활동을 포함하고 함축하는 현상이다(백선혜, 2005). 장소마케팅은 매력물이 내재한 특정 장소와 관련하여 지리적으로 규정된 특정한 장소이미지를 판매하는 방식의 노력을 포함한다(Philo & Kearns, 1993). 장소마케팅 과정에서는 특정 장소에 포함되어 있는 문화콘텐츠를 개발, 공급하는 기업과 지역 거주민들이 함께 관여하면서 그 장소가 소비자들에게 매력적으로 보이도록 노력한다. 장소마케팅에서는 구체적인 실체를 지닌 상품이 아니라 특정 문화콘텐츠들이 한 곳에 모여 있는 장소 자체가 상품화되어 판매된다는 점이 다른 마케팅 유형과 다르다.

문화콘텐츠를 소비하는 소비자의 행동은 문화적 구조로부터 많은 영향을 받는다. 장소마케팅의 성공여부는 마케팅의 대상이 되는 장소에 내재한 이미지가 많은 영향을 준다(Gunn, 1972). 문화콘텐츠 소비자가 인식하는 관광목적지라는 장소에 내재된 이미지는 그 장소만이 지니고 있는 고유의 문화콘텐츠의 특성과 깊이 연관되어 있다. 사람들이 특정 장소를 방문하는 선택 행동에 있어서 이미지는 중요한 변수 중 하나이다. 이 같은 장소마케팅은 관광문화콘텐츠를 소비하는 과정에서 많이 이루어진다. 특정 관광장소의 이미지를 인식하는 과정에서 소비자의 주관적인 요소가 개입되는데, 그 장소를 방문하게 됨으로써 얻게 되는 태도와 감정 등이 장소마케팅에서 고려해야 하는 부분이라고 할 수 있다(민웅기, 김남조, 2009; 민웅기, 2010b).

만약 특정 관광지가 자연환경에 기반을 둔 문화콘텐츠를 지니고 있는 장소라고 가정해보자. 관광지 장소의 경관은 눈에 보여지는 자연 및 인공풍경 모두를 포함하는 토지, 동식물 생태계, 인간의 사회문화적 활동을 내포하는 개념이다. 그리고 이 경관은 그것 자체로 의미 있는 문화콘텐츠로 사람들에게 인식되는 것이다. 경관은 보여지는 의미에 대해서 방문하는 사람의 주관적인 지각과정이 함께 작용하여 자신에게 맞는 문화콘텐츠로서의 정체성을 구현하게 된다. 기본적으로 경관에 대한 관광자의 지각과 인식에는 주체의 적극적인 의미해석 관계가 내포되어 있다(김남조, 2006). 중요 문화콘텐츠의 경관에 대한 방문객의 감상은 근본적으로 성찰의 과정을 포함한다. 이 소비자 의식의 정립과정은 체험구조가 인간 스스로의 의식체계에 영향을 주는 과정이라 할 수 있다(김홍중, 2007). 이미 자연경관은 사회적 · 문화적으로 구성되어 소비자들의 의식에 영향을 주는 의미 있는 문화콘텐츠라고 할 수 있다(Urry, 1995).

물론 이러한 풍경을 기반으로 하는 문화콘텐츠는 과거 낭만주의 문학에 영향을 받은 문학콘텐츠와도 밀접한 관련이 있다. 과거 18세기 후반 낭만주의 문학의 대중화로 인해 사람들은 자연의 원시성을 보고 심리적 위안과 쾌감을 얻는 효용성을 느끼게 된 것이다(Squire, 1988). 그리고 그 문학적 감수성이 현재의 자연관광, 문학관광 등의 실천으로 이어지면서 풍경의 유동적이고 비규칙적인 문화콘텐츠로서의 모습을 보이고 있다(Appadurai, 1996). 이처럼 장소는 그 장소를 방문하는 사람의 감정과 주관적인 표상이 일어나는 감정을 품을 수 있는 마케팅 과정을 거치면서 새로운 문화콘텐츠로 자리 잡게 되는 것이다. 결국 장소가 가진 객관적 실체와 인간의 주관적 심리가 결합한 형태로 마케팅이 이루어지게 되는 것이다(中村良夫, 2007). 만약 특정 장소에 대한 소비패턴을 유형화할 수 있다면 이 정보는 마케팅의 중요한 수단이 될 수 있을 것이다.

지금까지 살펴본 바와 같이 문화콘텐츠 소비 과정을 유도하기 위해서는 자연적 · 문화적 매력물과 같은 물리적 환경과 이들 매력물을 추구하기 위해 방문하는 소비자들의 다양한 사회심리적 특성을 효과적으로 파악해야 한다(김남조, 2005). 특히 시 · 공간 자원에 기반을 둔 문화콘텐츠를 포함한 장소를 방문하면서 완성되는 관광행위는 대표적인 문화콘텐츠 소비 아이템으로서 가치를 지니고 있다. 여행은 인간의 감각적 측면에서 미학적 가치가 구체화된 활동이라고 할 수 있다. 관광문화콘텐츠에는 이미지, 담론 등의 문화적 재현이 포함될 뿐만 아니라 소비를 향한 행위자의 가치에 대한 지향까지 포함하고 있다(Wang, 2004). 시·공간 자원에 기반을 둔 관광행동을 고찰하기 위한 장소마케팅 연구는 이 부분까지 함께 고려해야 한다.

시·공간 자원에 기반을 둔 문화콘텐츠에는 콘텐츠 생산자와 소비자 모두의 주관적 의식의 지향성들이 오랜 기간 포함되어 있다. 문화콘텐츠 소비는 사회적 지위·역할·정체성 등 거시적 문화와 관련 있는 상징적 문화의 소비이자 자아의 표현이 되기도 한다. 소비자의 문화콘텐츠 선택은 그 사람의 삶의 맥락에서 비롯된 독특한 기호의 표현이며, 선택된 취향이라고 할 수 있다. 따라서 소비자의 동기, 경험, 만족 단계를 근거로 여행 체험단계 이전과 이후를 고려하여 문화콘텐츠 속에 내재된 특성을 마케팅하는 것이 중요하다(김남조, 2005). 즉 소비자들의 다양한 욕구를 고려한 차별화된 장소마케팅이 필요한 것이다. 문화콘텐츠를 포함한 여러 장소들은 그 장소만이 지닌 물리적 특성과 방문객의 심리적 감정, 그리고 장소의 의미에 대한 사람들의 집합적인 해석 등을 포함하고 있기 때문이다(Stokols & Shumaker, 1981).

사람들은 문화콘텐츠를 체험하기 위해서 특정 장소를 방문했을 때, 그 장소에 내재한 장소성에 근거하여 다양한 동기와 욕구를 발현시킨다. 사람들은 그 장소에 포함된 이미지를 인식하게 되고, 스스로 추구하는 욕구, 가치 등에 대해서 성찰하게 된다. 그리고 그것은 지금까지 생활해오면서 사회화 과정에서 얻게 된 문화자본에 영향을 받게 되기도 한다. 사람들의 특성에 따라 그 의식은 자기구성적 사고에 의해 차별화된 서로 다른 방식으로 이루어지게 된다. 포스트모던 사회에서 특정 장소가 문화콘텐츠를 품고 이를 사람들에게 알리는 과정은 사람들의 일상생활에서 탈피하고자 하는 탈영역화의 욕구와 그 장소가 지닌 영역화된 문화를 체험하고자 하는 욕구가 혼융된 행위이며, 이 같은 소비문화들은 장소마케팅에서 효과적으로 활용해야 하는 것이다(류주현, 2008; 민웅기, 2009; 민웅기, 김남조, 2009). 장소마케팅의 성공은 문화콘텐츠를 체험하는 사람들에게 장소의 이미지를 긍정적으로 부각시켜야 가능하며, 장소의 형태를 변화시키고 조작하는 과정은 근본적으로는 장소 내부에 있는 문화콘텐츠에 대한 수용태도가 크게 변화하지 않는 범위 내에서 이루어져야 한다(백선혜, 2005; 오상훈, 2005; 이진희, 2006). 왜냐하면 사람들은 사회화를 거치면서 자신만이 지닌 가치의 부여방식이 정해지고, 그 질서에 따라 자신의 취향과 행동의 원칙을 정하기 때문이다(홍성민, 2004; Bourdieu, 1979). 따라서 마케팅 과정에서 소비자들의 문화자본에 대해서 파악하는 것은 판매성공 여부를 결정짓는 중요한 사안이라고 할 수 있다.

3. 새로운 문화콘텐츠 기반 마케팅의 사례: 대안적 관광콘텐츠 마케팅

포스트모던 사회에서는 다양한 문화콘텐츠 기반 마케팅이 활발하게 이루어지고 있다. 그 중에서도 전통적인 문화콘텐츠 이

외에 새로운 문화콘텐츠 역시 많이 개발되고 있다. 특히 세계화 시대를 맞이하여 타문화의 이질성에 관심을 가지고 접촉하기를 원하는 소비자의 욕구가 증가함에 따라 관광콘텐츠와 관련된 마케팅에 사람들이 많은 관심을 가지고 있다.

지금까지의 일반적인 관광상품 마케팅 전략은 시장성 확보를 위해 많은 대중들이 참여할 수 있는 보편적 소비에 초점이 맞추어 진행되어 왔다. 하지만 정보통신기술 등의 발달로 지금은 소수의 소비자들이 연계되어 하나의 소비자층을 형성할 수 있게 되었으며, 소비 과정에서 롱테일(long-tail) 법칙의 적용이 가능해진 것이다. 롱테일 법칙은 시장에서 사소한 역할을 하는 다수가 핵심적인 역할을 하는 소수보다 더 뛰어난 가치를 창출한다는 이론으로 미국의 인터넷 비즈니스 잡지인 『와이어드(WIRED)』에서 소개되었다. 어떤 기업의 상품을 판매되는 순서대로 가로축에 늘어놓고 판매량을 세로축에 표시하여 선으로 연결하면 많이 판매되는 상품들의 연결선은 급격한 경사를 이루어 짧게 이어지지만, 적게 판매되는 상품들의 연결선은 긴 꼬리처럼 낮은 높이의 상태로 계속 이어지는 현상을 가리키는 개념이다. 이 꼬리 부분에 해당되는 상품들의 총판매량이 처음에 단시간에 많이 팔리는 소위 인기상품의 총판매량만큼 많다는 것을 보여주는 법칙이다.

이 같은 마케팅 구조가 가능해진 것은 온라인 서비스가 활발해지면서 소수 소비자의 시장성이 집합을 이루어 합쳐짐으로써, 기업의 입장에서도 이들의 특수한 소비성향에 관심을 가지게 되었기 때문이다. 따라서 상품판매를 위해 다양한 소비자층의 욕구를 충족시킬 수 있는 차별화된 상품 브랜드화 및 세분화된 표적마케팅 전략은 관광콘텐츠 마케팅의 확장을 위한 중요한 수단이 되고 있다.

한편 관광콘텐츠의 특성상 그 하위 범주를 나누면 다음과 같다. 상품소비로 얻게 되는 핵심편익과 욕구충족을 가져올 수 있는 핵심상품(core product), 욕구만족을 조장할 핵심상품의 물리적 표현이자 제품, 서비스 등을 총칭한 개념인 유형재(tangible product), 그리고 이들의 가치를 뒷받침하는 보조재(augmented product)로 나뉜다. 문화콘텐츠 상품들은 수정(modification), 상품화(commodification), 표준화(standardization)를 통해 관광자원화된다(McKercher & Du Cros, 2008). 이 같은 과정을 통해 상품화된 관광자원을 관리할 수 있는 도구로서의 기능도 수행하는 문화콘텐츠의 마케팅 전략이 필요하다.

결국 문화콘텐츠 소비자의 특성, 문화콘텐츠가 가진 유인력과 구매가치, 해당 지역의 경제적 재화 및 서비스의 공급 여부 등도 소비자의 상품 구매과정에 영향을 주기 때문에 마케팅에서는 이 같은 사항들을 충분히 고려해야 한다(이미혜, 2014). 또한 문화콘텐츠가 지닌 매력성, 정보성, 편의성 등의 속성들 역시 특정 관광지에 대한 소비자의 가치, 충성도, 만족도에 영향을 주게 된다(김기호, 정기한, 2010).

한편 지금까지 살펴본 전형적인 관광콘텐츠 마케팅 이외에 새로운 대안적 관광콘텐츠 기반 마케팅 유형으로 최근 주목받고 있는 사례로 해양관광 마케팅과 기업의 사회적 책임(Corporate Social Responsibility: CSR)과 관련한 친환경 관광마케팅을 들 수 있다. 해양관광 마케팅은 해양이라는 관광자원의 색다른 장소적 속성을 통해 소비자들에게 매력물로서 인식되고 있는 콘텐츠를 판매하는 과정을 설명한다. 기업의 사회적 책임은 이윤 추구를 주 목적으로 하는 기업의 생존 전략과 함께 공생의 가치를 추구하는 기업 마케팅의 또 다른 측면을 보여주는 경영 전략이라 할 수 있다.

1) 해양문화콘텐츠 기반 관광마케팅

해양문화콘텐츠에 기반을 둔 관광은 최근 소비자들이 관심을 가지는 산업 영역이다. 해양문화콘텐츠 속에는 자연환경, 역사 유적, 문화예술, 스포츠, 레저활동, 특산물 등이 다수 포함되어 있다. 해양문화콘텐츠를 브랜딩(branding)하기 위해서는 먼저 특정 해양문화콘텐츠가 방문과 체험을 가능하게 하는 관광상품으로서 소비자들에게 매력성이 있는지 그 속성을 파악하는 과업을 이행해야 한다. 문화콘텐츠에 기반을 둔 관광장소의 속성은 그 관광상품이 갖는 각종 재화 및 서비스 체계가 해양관광객의 욕구에 맞게 충족되어야 하며, 적절하게 고객에게 서비스를 제공할 수 있어야 한다(Kotler & Keller, 2009).

해양문화콘텐츠의 체험으로 이루어지는 해양관광의 경우, 해양이라는 자연환경의 특성을 적절하게 반영한 마케팅이 필요하다. 해양문화콘텐츠를 체험하기 원하는 차별화된 소비자 욕구에 따라 그 장소성을 고려한 마케팅 과정이 요구된다. 특정 해양관광지를 상품 컨셉에 맞게 홍보하고, 시장을 소비자 특성에 따라 세분화하여 특정 소비자를 표적대상으로 선정하는 시장세분화 과정이 실행되어야 한다. 아직 해양관광이 내륙관광과 비교하여 대중화되지 못한 시점에서 마케팅 과정에서의 표적시장 선정은 특히 중요하다. 선택된 관광시장의 규모 및 성장잠재력, 세분화된 시장의 수익성 등의 기준을 고려하여 마케팅 포지셔닝 컨셉을 제시할 수 있어야 한다. 해양문화콘텐츠의 경우, 문화자본에 근거한 소비자들의 특성에 따라 차별화된 표적마케팅 전략을 수립할 필요가 있다. 소비자의 해양관광 친숙성과 관여도 정도 등을 고려해 해양관광지를 세분화하고, 특정 소비자들을 대상으로 차별화된 정보를 제공하는 적극적 마케팅이 요구된다.

[표 1]은 해양관광에서의 세분화된 표적마케팅 전략의 예시를 제시한 것이다.

[표 1] 해양관광 표적마케팅 전략의 예

장소	표적대상	위치	숙박업소	계절
연안	여행객	경관이 수려한 곳	가족형 펜션	여름
무인도	바다낚시객	경관이 수려한 곳	낚시 민박	4계절
유인도	스쿠버다이버	다양한 레저가 가능한 곳	전용 펜션과 리조트	4계절

자료: 박상규(2008).

한편 상술한 내용을 근거로 해양문화콘텐츠의 마케팅 전략을 좀 더 구체화할 필요가 있다. 정보네트워크와 온라인 공동체를 통해 해양관광상품의 마케팅 믹스(marketing mix) 전략을 수립해야 하며, 이를 전통적인 마케팅 4Ps(product, price, place, promotion)를 고려하여 그 각각의 개념들을 적용하면 다음과 같이 범주화할 수 있다.

첫째, 해양문화콘텐츠 체험의 활성화를 위해 필요한 상품(product)전략은 맞춤형 차별화 전략이다. 해양관광의 경우, 상품 및 서비스 정보의 제공은 이용자의 문화자본에 근간을 두어 세분화 · 범주화하여 이루어져야 한다. 사용자의 친밀성을 유발할 수 있는 문화콘텐츠 프로그램을 다양화하고, 훈련 · 연수 · 세미나 등을 통한 관광상품 향유기술 교육을 실행함으로써 관광객의 관여도를 높여 그들의 관광상품에 대한 기대를 충족시킬 수 있는 마케팅 대상 영역을 확장할 수 있다. 예를 들어 레포츠형 해양문화콘텐츠의 경우, 그러한 마케팅 과정이 주요 향유계층인 사회 중 · 상류층의 욕구 충족에 중요한 역할을 할 수 있다.

둘째, 가격(price)전략에서는 온라인 마케팅을 통해 상품의 차별화된 문화콘텐츠의 핵심정보를 공유하고, 내 · 외부 간 세부 판매 프로세스(process)를 확립하여 사용자 편의를 고려한 정보플랫폼을 설계해야 한다. 흔히 말하는 참여, 공유, 개방의 가치를 중심으로 운영되는 Web 2.0 비즈니스 모델에 준하여, 해양관광상품 콘텐츠(contents)의 개발 및 정보공유, 공통된 기호를 가진 소비자들의 해양관광활동 커뮤니티(community) 구성, 해양관광상품을 둘러싼 연계 및 협업에 의한 상품판매(collaboration)라는 3C 전략을 이행해야 한다(송해룡, 2009). 이를 통해 폭넓은 문화콘텐츠 체험을 위한 커뮤니티 구성 과정에서 거래비용과 정보검색에 부가되는 기회비용을 줄일 수 있다. 또한 소비자의 욕구와 콘텐츠 종류에 따른 비용 세분화 전략을 실행하여 가격경쟁력을 강화시키는 마케팅 전략을 추구할 수 있다.

셋째, 유통(place)전략의 경우, 뉴미디어를 적극적으로 이용하여 상품과 이미지를 홍보하고, 유통경로를 단순화하여 소비자의 해양문화콘텐츠에 대한 접근성 확보를 도모할 수 있다. 정보통신기술의 발전은 해양문화콘텐츠에 접근하고 이를 체험함에 있어서 여러 가지 구조적 여가제약 요인을 극복하게 해주었다.

넷째, 홍보(promotion)전략의 경우, 지금은 경제적 · 문화적 · 사회적 자본이 형성되어 있지 않아 해양관광에 참여할 수 없는 미래의 잠재적인 고객을 대상으로 적극적인 온라인 홍보전략을 진행하여, 지속적인 해양관광상품 정보를 제공함으로써 추후 시장확장의 기반을 조성해야 한다(송해룡, 2009). 이 과정을 거치면서 개인화된 소비자의 상품이용과 함께 추후 공통된 기호 공동체에 의한 구전(口傳)효과, 집단 구매효과까지 기대할 수 있다. 온라인 커뮤니티에 의한 홍보활동은 생소한 해양관광상품에 대한 친숙함을 더해줄 수 있어 소비자들의 태도변화와 소비행동을 연계시킬 수 있는 가능성을 열어준다.

이처럼 해양문화콘텐츠에 기반을 둔 관광마케팅은 전문성을 지닌 해양관광 이용자 누구나 참여 가능하도록 고객의 소비를 유도해야 한다. 커뮤니티를 구성한 소비자들은 해양문화콘텐츠 자체를 둘러싼 시장과의 교호작용을 통해 확장된 편익을 서로 공유할 수 있다. 이 같이 온라인 연결망을 통한 마케팅은 기업의 고객맞춤형 관리전략인 CRM(Customer Relationship Management)의 창의적 적용을 가능하게 할 수 있다. 개별 고객에 대한 개인화 서비스를 장기적으로 제공할 수 있어 고객에게 해양관광에 대한 심층적이고 광범위한 지식을 전수할 수 있으며, 대안적 체험 행위에 가치를 두는 고객을 지속적으로 관리하고 소비시장의 범위를 극대화 할 수 있다(노영희, 2004; 양길승, 2008). 또한 정보네트워크를 통한 시 · 공간의 제약을 극복한 온라인 마케팅 전략을 통해 환경자본, 경제자본, 인적자본, 사회자본 등이 결합된 생산자, 유통자, 판매자, 교육자 등의 해양관광산업 협조체계를 구성할 수 있으며, 이를 통한 산업클러스터의 형성 역시 가능해질 수 있다.

일반적인 마케팅은 판매를 위해 이루어지지만, 실제 해양자원과 관련한 문화콘텐츠들은 자연환경과 관련되어 있으므로, 지속적인 관광자원 이용을 위해서는 관광자원 관리도구로서의 기능을 수행할 수 있는 마케팅 계획을 수립할 수 있어야 한다. 해양문화콘텐츠는 단순한 자연환경과 밀접한 연관을 갖고 있기 때문에 마케팅활동 시 지속가능한 개발을 통한 책임 있는 판매전략이 요구되며, 결국 이는 관광상품 판매자가 바람직한 유형의 소비자를 포지셔닝할 수 있는 특정 상품에 대한 시장세분화 전략과 연계될 수 있다.

이와 관련하여 '어떤 상품을 소비자에게 제공할 것이며, 어떤 시장을 표적시장으로 삼을 것인지, 그리고 누구와 경쟁하게 되는지' 를 파악하는 것은 해양문화콘텐츠에 기반을 둔 관광마케팅을 하는데 있어 중요한 질문들이라 할 수 있다(Aaker, 2013). 구체적 상품에 대해 상품에 내재된 핵심편익이 무엇인지를 살피고, 이 핵심편익에 초점을 맞추어 표적시장 고객을 공략할 필요가 있다. 앞서 살펴본 바와 같이 다른 여가활동에 비해 관여도가 높은 여가활동이라 할 수 있는 해양관광의 특성상 어떤 유형의 관광객을 수용할 것인가를 검토하여 윤리적 태도를 가지고 올바른 소비를 하는 고객을 구별해내야 하기 때문이다. 이것이 바로 해양자원의 관리도구로서의 마케팅 전략의 기본 가치인 것이다. 해양문화콘텐츠 마케팅은 공급자가 생산자에게 행하는 일방향적 판매뿐만 아니라 자연환경 기반 문화콘텐츠 관리계획의 일부가 될 수 있다. 판매를 위해서는 환경자원의 관리가 함께 이루어져야 하기 때문이다. 앞으로도 자연친화적인 해양문화콘텐츠 체험을 원하는 소비자를 위해서 지속가능한 자연자원의 관리를 위한 마케팅이 지속적으로 요구된다.

2) 기업의 사회적 책임(CSR)과 친환경 관광마케팅

산업화와 기술 발전의 역사적 과정에서 나타난 생산량의 확대와 환경과의 대립 구조 속에서 현재 새로운 기업의 경영전략이 나타나고 있다. 산업혁명이 지배적으로 전파된 18세기 중엽부터 19세기까지 생산성이 향상되었고, 이와 함께 경영혁명은 그 뒤 50여년의 시간 동안 빠르게 진행되어왔다. 현재 대부분의 기업은 사회적, 환경적 관계를 고려한 기업의 전략경영을 추구하기 시작했다. 최근 자본 영역에서 기업의 사회적 책임(CSR)에 대해서 관심을 가지는 것은 경영 원칙에 있어서 이윤 체계의 메커니즘과 사회부문(social factor)과 연계를 추구하는 과정이라고 할 수 있다(Drucker, 2002).

일찍이 캐롤(A. B. Carroll)은 기업의 사회적 책임 영역을 경제적, 법적, 자선적, 윤리적 책임의 범주로 분류했다. '경제적 책임' 은 자기이익을 극대화하여 고용을 보장하기 위해 노력하는 것이며, '법적 책임' 은 최대다수의 최대행복의 윤리원칙을 지키기 위해서 공정하게 거래하고 여러 가지 제도적 책임을 지는 것이다. '자선적 책임' 은 사회적 약자의 최대 복지를 위해 노력하면서 기부, 지역사회공헌, 자원봉사, 자선사업 등을 추진하는 것이며, '윤리적 책임' 은 인권 등 보편적으로 인간이 지켜야 하는 의무를 지키기 위해 인권과 환경을 존중하고 신뢰관계를 유지하는 책임을 말한다(Carroll, 1979, 1991).

이처럼 포스트모던 사회를 맞이하여 기업은 이윤창출을 위한 노력뿐만 아니라 사회적인 책임의식을 갖고 이를 기업 경영방식에 적용하기 위해서 노력하고 있다. 그리고 그 과정에서 자연스럽게 기업윤리에 입각한 책임 경영이 이어지고 있다. 기업은 경영 목표와 이를 실현하기 위한 수단 사이에서 나타날 수 있는 그 결과를 예상하고 그 결과에 스스로 책임을 져야 한다는 윤리경영의 원칙을 내세우기 시작한 것이다(정문길, 1984). 특히 기업은 산업화와 자본주의 발전의 역사적 과정 속에서 간과되어 왔던 환경과 관련한 사회적 문제에 대해서 신중하게 고려하기 시작했다. 현재 기업의 이윤추구 과정에서 나타나는 환경문제에 대해 스스로 책임을 지고, 이를 해결하고자 노력을 경주하고 있다.

최근 쟁점화 되고 있는 기후 변화 등의 문제를 해결하고, 환경위기를 극복하기 위해 기업은 경제구조의 기본원칙을 어기지 않는 범위 내에서 어떻게 친환경적으로 바꿀 수 있는가라는 문제의식을 갖기 시작했다. 그리고 그 실천전략의 하나로 기업경영의 친환경적 변화에 관심을 가지게 되었다. 사회와 공생할 수 있는 친환경 경영과 관련한 지식을 기업 이익 추구 전략에 적용하여 이를 실현시킬 수 있어야 한다(이득연, 1998).

물론 기업의 친환경 경영은 기업의 사회적 책임에 대한 자각뿐만 아니라 경제적 손익계산에 기초한 것일 가능성이 높다. 기업의 친환경 경영은 사회윤리문제와 결부된 기업이 추구해야 할 합리적 판단이라 할 수 있다. 기업이 자신들의 존재를 위한 이윤추구 논리를 훼손하지 않으면서 산업화 과정에서 필연적으로 등장하게 된 환경문제를 극복할 수 있는 방안 중 하나는 친환경 지향적 소비자의 구매력을 이용해 이들의 환경친화적 요구에 응하면서 동시에 이를 새로운 마케팅 방식으로 체계화하는 것이며, 그 과정이 곧 지속적으로 추구해야 할 융합적 경영전략이라 할 수 있다. 이제 많은 기업들이 소비자를 만족시키기 위한 마케팅 과정에서 사회와 환경에 대한 책임까지도 고려해야 하는 상황에 이르렀다(조학래, 2008). 기업의 사회공헌적 마케팅은 기업과 사회, 소비자가 서로 이해관계를 만족시킬 수 있는 대표적인 경영전략의 하나로 자리 잡기 시작하였다(김용만, 이승철, 2004). 이처럼 기업들 사이에서 하나의 트렌드로 자리 잡은 사회공헌적 마케팅활동 중에서 최근 가장 활발하게 진행되고 있는 방법 중 하나가 그린마케팅(green marketing)이다(Hanas, 2007). 그린마케팅은 환경에 대한 기업의 사회적 책임을 바탕으로 경제적 목표와 공익적 가치 모두를 만족시키기 위한 구체적인 실행과정이다. 환경문제들에 대해 소비자들이 관심을 갖게 되면서, 상품 구매 과정에서 환경을 고려한 상품을 구매하려는 새로운 성향이 나타나기 시작했으며, 기업은 이에 대한 적극적인 대응으로 친환경 마케팅을 도모하게 되었다. 소비자들 스스로가 환경 인식과 관심을 갖게 됨으로써 기업들로 하여금 환경에 대한 사회적 책임의식을 고민하는 경영전략을 취하도록 할 수 있게 된 것이다. 이제 소비자와 기업의 쌍방향적 의사소통을 통해 이루어진 기업의 친환경 마케팅은 사회의 지속가능성을 위해 본격적으로 분기하고 있다(Ponting, 2019).

이 같은 친환경 마케팅은 여러 가지 이유로 사회적으로 주목받고 있다. 역사적으로 지속되어 온 자본 확장과정 속에서 생산량은 증가했고, 증가된 생산량만큼 여러 가지 사회적 부작용도 많이 발생했다. 환경문제 역시 그러한 역사적 과정 속에서 나타난 사회현상이라 할 수 있다. 환경문제에 대해 기업이 사회적 책임을 져야 한다는 인식은 이제 폭넓은 공감대를 형성하고 있다. 따라서 기업은 환경문제에 대한 수세적인 적응 전략보다는 적극적인 마케팅 계획을 수립할 필요가 있다.

그리고 이제 문화콘텐츠 상품 및 서비스의 생산 · 판매 · 소비 과정 역시 여러 가지 환경문제를 고려할 시기에 직면해 있다. 문화콘텐츠 자원의 친환경적 고려는 소비자들의 체험활동의 실질적 편익을 결정하는데 중요한 역할을 한다. 예를 들어 포스트모더니즘 사회에서 다양한 형태로 나타나는 관광활동은 친환경 관광마케팅을 위한 주요한 범주가 될 수 있다. 소비자의 세분화된 개인적 기호에 부합할 수 있도록 덜 경직된 형태로 사회에 공헌할 수 있는 관광문화콘텐츠에 대한 마케팅이 필요하다. 소비자가 스스로의 불편함을 감수하고서라도 친환경 마케팅을 적절히 수용하도록 하기 위해서는 소비자들을 위한 교육지원이 뒤따라야 한다. 특히 공공성을 근간으로 하는 국가의 제도적 · 정책적 노력뿐만 아니라, 시민사회는 환경윤리 학습이 가능한 교육콘텐츠를 창조하고 이를 시민들에게 전달하는 역할을 담당해야 한다. 관광문화콘텐츠에 대한 친환경 마케팅은 소비자가 직접 자연환경에 개입하여 활동하는 관광의 특성을 효과적으로 이용할 수 있다. 직접 자연환경에 기반을 둔 문화콘텐츠를 체험할 수 있는 기회를 부여함으로써 소비자에게 환경보호 의식을 고취시킬 수 있으며, 이를 통해 기업의 해당 브랜드 이미지와 충성도를 긍정적으로 구축할 수도 있다(신상무, 김도훈, 2010).

더 나아가 기업에 대한 전반적인 평가라고 할 수 있는 기업 태도에 있어서 소비자들은 친환경 마케팅을 실시하는 기업에 대해 긍정적으로 평가할 수 있으며, 더 나아가 소비자가 친환경 전략을 수립한 기업의 가치와 신념에 자신의 자아를 동일시시킴으로써 궁극적으로는 특정 기업의 상품구매를 지속적으로 유지할 수 있다(이은미, 2008). 이 과정을 통해 자연스럽게 기업브랜드에 대한 충성도를 높여 기업 입장에서는 판매증진으로 이어질 수 있어서 시장 점유율이나 수익성 측면에서 유리한 위치를 점유할 수도 있다. 이제 문화콘텐츠 기업은 친환경 마케팅을 통해 자연환경에 기반을 둔 문화콘텐츠를 공유하고 인간과 자연이 공생할 수 있는 공익적 가치를 창출할 수 있어야 한다(김지응, 박지양, 2012). 최근 친환경 마케팅이 소비자에게 효과적으로 적용될 수 있는 이유도 바로 여기에 있다.

06

지속적으로 추구해야 할 문화콘텐츠의 공공적 가치

포스트모던
시 대 의
문화콘텐츠와
체 험 문 화

6장

지속적으로 추구해야 할 문화콘텐츠의 공공적 가치

문화콘텐츠의 생산과정에서 고려해야 할 점은 시장성에 기반을 둔 경제적 가치뿐 만은 아니다. 하나의 재화와 서비스가 지속가능한 발전을 하기 위해서는 환경적, 사회적, 윤리적 측면의 세 가지 공공적 가치 역시 충족되어야만 한다(Campbell, 2003; McBurney, 1990; Munro, 1995). 구체적으로 살펴보면, 문화콘텐츠 시장이 갖추어야 할 경제적 지속가능성 이외에 지속적으로 추구해야 할 공공적 가치는 생태지향적 보전의 가치, 문화콘텐츠의 공정한 향유기회 및 기업존립을 위한 가치, 수익 배분의 공정성을 위한 가치로 하위 범주화할 수 있다.

1. 생태지향적 보전의 가치

다양한 역사문화콘텐츠를 보유한 장소는 과도한 지역 개발로 인해 환경이 파괴될 수 있다. 특히 실제로 특정 자연환경을 직접 방문하여 체험하게 되는 문화콘텐츠 체험활동 범주의 경우, 사람들은 이러한 사실을 더욱 직시하고 있어야 한다. 따라서 여행, 관광과 관련한 자연친화적인 문화콘텐츠는 지속가능한 체험활동의 유지를 위해 생태지향적 보전의 가치를 지켜야만 한다.

인간이 추구하는 친환경적 삶은 여러 환경이론 중 생태주의 이론과 밀접하게 관련되어 있다. 생태주의 환경이론에서는 환경문제를 정치적, 경제적, 사회적 질서들이 혼재되어 나타나는 현상으로 본다. 또한 환경문제의 중요성과 시급성을 인정하며 환경을 둘러싼 생물학적 생존권을 존중한다(홍성태, 1998; Doyle & McEachern, 2002). 산업사회에서 합리성의 산물인 과학과 기술의 지속적인 진보는 생산력의 향상 이외에 자연환경의 파괴를 동시에 가져왔다. 결국 모더니즘의 주요 사상적 배경인 생산성과 합리성의 가치는 자연환경의 지배를 상정한 진보주의로 이어지게 되며, 그 진보주의는 계몽주의 사상과 관련이 있다. 최근 포스트모더니즘에 근거한 인간과 환경의 관계는 모더니즘의 핵심적인 사상적 토대가 된 인간의 자연환경 지배라는 일방적 관계를 부정한다. 인간과 자연환경은 함께 존재해야 하는 공생적 위상을 강조한 것이다(김철규, 2003; Harvey, 1989).

그럼에도 불구하고 여전히 모더니즘에 근거를 둔 개발론자들은 시장경제활동을 통한 환경관리의 가능성을 신뢰한다. 즉 경제력의 팽창과 기술발전을 통해 환경문제를 해결할 수 있다는 낙관론적인 입장을 견지하고 있는 것이다(Pepper, 1989). 이 같은 논의는 일정 부분 타당성을 지니고 있기도 하다. 보호해야 할 자연환경 기반 문화콘텐츠는 체험하기를 원하는 사람들이 많을수록 콘텐츠 공급자 입장에서는 환경자원을 유지하려는 동기가 더 크게 부여될 수 있기 때문이다.

하지만 수용력(carrying capacity)의 개념을 통해 이와 같은 상황을 분석하면 더 복잡해진다. 수용력 또는 환경용량이란 한 지역 내에서 같은 종(種)의 서식 능력이 미래에도 줄어들지 않는 범위 내에서 계속해서 생존할 수 있는 최대 개체수를 의미한다. 그리고 이 수용력은 혼잡도와 밀접한 관련이 있으며, 혼잡도가 높을수록 수용력의 한계는 줄어들 수밖에 없다. 요컨대 사람들이 많이 방문할수록 자연환경 보호는 어려워진다. 결국 자연환경에 기반을 둔 문화콘텐츠는 이 수용력의 문제와 콘텐츠 보전을 위한 문화콘텐츠 공급자의 지원 사이에서 어떤 상황이 발생하느냐에 따라 지속가능한 개발의 실현 여부가 결정된다고 볼 수 있다.

환경문제를 고려한 문화콘텐츠의 생산 및 보급을 위해서는 현재 나타나고 있는 자연환경의 생태적 변화와 인간 행동 사이의 관계를 복합적으로 고려할 수 있어야 한다. 생태적 가치를 추구하는 문화콘텐츠는 국가의 정책, 시장의 문화콘텐츠 소비 수요

등의 영향을 복합적으로 받기 때문이다(Bunker, 1985). 분명한 점은 산업화를 주도한 경제성장 과정에서 도시공간을 중심으로 생태학적 환경문제를 고려하는 탈물질주의(post-materialist) 시각이 사람들에게 점차 정착되기에 이르렀다는 사실이다(Abramson, 1997; Brechin & Kempton, 1994). 이 생태 지향적 보전의 가치가 등장함으로써 지금까지 드러난 도시 내 생산체계의 문제뿐만 아니라 소비양식의 성장 과정에서 비롯된 환경적 자정 능력에 대한 직접적인 사회적 관심이 증가하게 되었다. 도시공간 내 문화콘텐츠를 보전하여 소비자들이 체험을 통해 이를 접촉하여 향유하는 과정을 유지하기 위해서는 생태지향적 보전의 가치에 입각한 환경적 지속가능성이 유지되어야 한다. 이 환경적 지속가능성 개념을 논의할 때는 인간과 자연과의 상호작용 속에서 나타나는 지속가능성 개념을 숙지해야 한다.

이미 세계 곳곳에서는 시대적으로 요구되는 생태적 가치를 부각하여 실천하기 위한 다양한 문화운동들이 활발하게 이루어지고 있다. 생태지향적 보전의 가치를 만족시키는 자연친화적인 문화콘텐츠들은 인간 욕구를 지속적으로 지속가능하게 충족시키는 수단으로, 그리고 인간욕구를 해결하려는 직접적인 노력의 일환으로 재구성되고 있다. 다양한 문화운동의 형태로 사람들이 이 문제에 대해서 직접 의사표현을 하면서 참여하고 있다. 산업화 시대에 경제적 정의를 실현하기 위해 사회운동 참여자들이 계급정체성을 가지고 노동운동을 진행했다면, 현재 이 문화운동은 전혀 다른 형태의 사회운동 성격을 지니고 있다. 기존 사회체계에 대응하기 위한 사회변혁의 목표로 개별정체성을 가지고 진행되는 이 신사회운동(new social movement)은 문화콘텐츠산업을 이끄는 시민들의 참여로 완성되고 있다. 친환경적 가치를 추구하는 문화운동은 개별정체성을 지닌 참여자들이 생산성 중심의 가치에 대항하기 위해 참여한다는 점에서 신사회운동의 주요 사례라고 할 수 있다(김종길, 1993; 정대연, 2002; Byrne, 1997; Fisher & Kling, 1994). 현재 활발하게 진행되고 있는 자연, 역사유적 등의 보전을 위한 생태지향적 사회운동은 인간 삶의 재생산을 가능하게 하는 원천이라 할 수 있는 자연환경의 무분별한 파괴를 막고, 인간사회와 자연환경의 지속적인 공생관계를 도모하고 있다.

2. 문화콘텐츠의 공정한 향유기회 보장과 기업존립을 위한 가치

문화콘텐츠는 사람들이 여가활동을 위해 활용하는 과정에서 계층 간, 세대 간, 지역 간 격차가 나타나기 쉽다. 이 같은 불평등의 문제를 해소하기 위해서 문화콘텐츠 향유 기회가 공정하게 보장될 수 있는 공공적 성격의 정책운영이 필요하다. 공공적 가치를 구체적인 정책으로 실현하기 위해서는 여러 가지 제도를 마련해야 한다. 사람들의 문화콘텐츠 체험이 이루어지는 여가 공간에 전문 인력을 지속적으로 충원하고, 이들에 대한 훈련이 이루어질 수 있는 적절한 협력 네트워크 체계를 구성할 수 있어야 한다. 교육받지 못해서 문화콘텐츠를 활용하지 못하게 정부가 방관해서는 안 되는 것이다. 예를 들어서 마을회관이나 지역문화센터에서 무료 또는 아주 저렴한 비용으로 노인 대상 인터넷 · 스마트폰 사용 교육을 하는 이유도 이 같은 이유에서이다. 기업에서도 사람들의 문화콘텐츠 접속 욕구 수요를 충족시켜 줄 수 있는 맞춤형 문화콘텐츠 제공이 자연스럽게 이루어져야 한다.

문화콘텐츠 향유 격차를 줄이기 위해 제공되는 공공서비스의 주요 대상을 사회취약계층을 중심으로 확대하고, 문화콘텐츠 소비 수요를 증대시킬 수 있는 연계적 정책개발이 필요하다. 문화예술콘텐츠 관련 사회서비스의 확대를 위한 시설적 측면의 인프라 개선 역시 요구된다. 일반적인 문화정책 범위는 문화예술시설 건립, 프로그램 운영, 정보 전달 및 교육, 문화콘텐츠 개발 등으로 다양하게 구성되어 있다. 물론 지금까지 세계 각 국가의 정부는 각각의 정책 하위 과업들이 문화콘텐츠 향유와 관련한 문화복지와 지속적으로 연계될 수 있도록 다양한 정책운영을 시도하고 있다. 경제적 여건 등으로 인해 문화활동에 제약을 받는 경제적 소외계층에게 공연, 전시 등의 문화예술 관람 비용을 전액 지원하여 문화콘텐츠의 향유기회를 제공하는 문화바우처 제도, 공연장 운영개선을 위해 미판매된 공연 티켓을 할인하여 판매하는 미판매 공연티켓 통합할인제도, 장애인을 문화공동체의 일원으로 포함시켜서 사회통합질서 강화를 도모하는 다양한 지원사업들, 예술강사 파견 및 사회문화 예술교육 사업 등은 앞으로도 지속적으로 개선 · 발전시켜야 할 중요 문화콘텐츠 기반 사회서비스 제도임에 틀림없다(문형인, 2009; 전경옥, 2009).

이와 같은 정부의 노력으로 인해 최근 기업에서도 다양한 예술, 관광, 스포츠 등 여러 가지 문화콘텐츠산업이 연계되어 창발하고 있다. 문화콘텐츠 기반 기업이 사회구성원들에게 공정한 향유기회를 제공할 수 있으려면 기업의 존립이 우선시 되어야 한다. 이윤추구 가치가 기업의 사회적 책임의 일부에 포함되는 것도 이 같은 이유에서이다. 문화콘텐츠 기업이 이 같은 가치를 실현하기 위해 실천하고 있는 구체적인 사항들을 정리하면 다음과 같다.

첫째, 문화콘텐츠 관련 기업은 지속가능한 발전을 위해 교육사업을 함께 병행할 필요가 있다. 문화콘텐츠 향유를 위한 직접적인 교육은 물론 이를 산업화하기 위한 치료, 관광, 서비스체험 등과 관련된 별도 교육체계가 더 세부적으로 운영되어야 한다. 다양한 사회구성원들 각자의 인적자본으로서의 가치는 네트워크 내·외부의 구성시스템 자체에 의해 그 존재가치에 대한 평가가 이루어지는 경우가 많다(Bullen & Onyx, 1998). 즉 문화콘텐츠 관련 종사자가 어떤 네트워크에서 일하고 있는지, 어떤 소비체계에 속해있는지를 살펴보는 것은 중요하다. 결국 그러한 사람들의 활동 범위는 문화콘텐츠 관련 지식의 내재화 정도와 관련이 있는 것이다. 요컨대 현대 지식기반 경제의 성장 동력은 인적자본으로 구성된 사회적 자본에서 찾을 수 있기 때문에 이에 대한 교육투자가 중요하다(김종일, 2001; Giddens, 2000).

기업의 입장에서는 경영 효율을 위해서 내부 인적자원을 지속적으로 관리해야 한다. 최근 여러 문화콘텐츠 기업들이 문화콘텐츠를 생산 · 유통하는 전문적인 인적자원을 대상으로 조직 내 구성원들의 전문화된 기술 및 정보처리 능력을 배양시키고 있다. 그들의 창의성을 적극적으로 수용하고, 인적 네트워크 구축을 통해 내 · 외부의 합리적 의사소통 구조를 연계시켜야 한다. 이 같은 이유로 각 기업과 시민사회에서는 문화콘텐츠와 관련된 교육과 훈련 투자가 활발하게 이루어지고 있다.

둘째, 고정적인 수요창출 및 이를 통한 사회 환원을 위해 지역 중심의 네트워크 시스템을 구축할 수 있어야 한다. 왜냐하면 문화콘텐츠 관련 기업의 성공은 기업 자체의 독자적인 노력만으로 이루어지기 어려우며, 사업체 간 체계적인 연계시스템을 통해 사람들의 지속적인 관심과 요구가 있어야 그 성공이 보장될 수 있기 때문이다. 점점 세분화되고 있는 소비자의 문화콘텐츠 성향에 맞게 공통의 기호를 가진 지역주민들을 중심으로 문화콘텐츠 개발을 할 경우, 안정된 시장 확보뿐만 아니라 지역 내 다양한 고용 창출 효과까지 기대할 수 있어서 새로운 문화콘텐츠가 지속적으로 제공 · 소비되는 공간이 마련될 수 있을 것이다.

셋째, 정확한 수요조사를 통해 주요 수익이 되는 문화콘텐츠 개발을 시도해야 한다. 정부의 정책적 지원과 함께 문화콘텐츠 기업이 지속가능하게 발전하기 위해서는 재정자립을 해야 하고, 외부지원금에 의존해서는 안 된다. 한편 공공성을 강조한 공익적 가치만 지나치게 추구하게 되면 기업의 안정적인 수익구조가 무너져 기업존립에 위기가 초래되는 경우도 적지 않다. 처음에는 소규모 스타트업 기업에 불과했지만 성공한 문화콘텐츠 기업들의 경우 공공성과 수익성 간 적절한 경계를 스스로 지키며 자생력을 키우고, 다양한 수익창출 구조를 끊임없이 개발해나가고 있다. 중소 문화콘텐츠 기업의 자생력은 결국 문화콘텐츠의 아이디어에 의해 결정된다. 그들의 저작권에 대한 철저한 제도적 보호가 필요한 것도 바로 그 아이디어에 의해 소규모 문화콘텐츠 관련 기업의 존폐가 결정되기 때문이다.

문화콘텐츠를 개발 · 생산 · 유통하는 기업들은 정확한 수요조사를 통해 수익구조를 파악해야 한다. 그리고 그 수익구조를 분배할 수 있는 기업 간 교환관계를 안정적으로 구축해야 한다. 주요 수익구조를 유지 · 확장시킬 수 있는 전문가를 정확한 시기에 사회 각 요소에 배치하는 실천적 운영계획 역시 필요하다. 이는 사람들의 삶의 질적 향상을 꾀하는데 있어서 전통적 의미의 물리적 자본보다 상호신뢰에 기초한 사회적 자본이 중요한 수단이 될 수 있음을 의미한다. 따라서 문화콘텐츠를 생산과 소비를 담당하고 있는 집단 내 구성원 간 신뢰에 기반을 둔 작동체계와 운영과정을 중요하게 인지해야 한다. 문화콘텐츠 수익구조의 지속가능성은 정확한 수요조사를 통한 네트워크의 기반 위에서 이루어질 수 있다(김문조, 2005; 소진광, 2004; Rifkin, 2001).

3. 수익 배분의 공정성을 위한 가치

최근 문화콘텐츠의 개발과 유통, 배급, 소비 과정에서 나타나는 주요 쟁점은 바로 저작권 문제이다. 특히 최근에 다양한 미디어 기술이 발달함에 따라서 문화콘텐츠를 둘러싼 권리가 더욱 중요해지고 있다. 저작권은 문화콘텐츠의 가치를 지속가능하게 유지하기 위해 매우 중요한 사안이라 할 수 있다. 결국 저작권이 철저하게 보호되어야만 문화콘텐츠의 생산 및 소비 과정이 지속가능하게 유지될 수 있다. 이 문제는 개인과 집단의 윤리 문제로 귀결된다. 문화콘텐츠 개발 및 생산 과정에서 발생하는 표절 문제, 유통 및 소비와 관련한 불법유포·복제의 문제, 소비 과정에서의 불법 다운로드 문제 등은 모두 사회구성원으로서 반드시 지켜야 할 윤리 문제를 간과하는 것에서 시작된다.

최근 정보통신기술 발달에 따른 뉴미디어 기술의 급속한 보급으로 문화콘텐츠의 원본과 복제본이 같은 상태로 타인에게 전달되는 경우, 이로 인해 문화콘텐츠의 생산자, 법적 소유자, 권리를 가진 자 모두가 큰 피해를 입게 된다. 문화콘텐츠 생산자의 저작권은 안정적으로 보호되어야 하며, 특정 문화콘텐츠가 이용될 때에는 수익·권익의 배분 과정에서 제도적·윤리적 공정성을 철저하게 확보해야 한다. 결국 이 과정을 통해 문화콘텐츠 시장의 지속가능한 선순환 구조가 유지될 수 있다. 수익배분의 공정성은 저작권의 보호에서 시작함을 알아야 한다.

한편 물리적인 자연환경, 역사유적 등에 기반을 둔 문화콘텐츠의 경우, 수익 배분의 공정성을 위한 가치는 문화콘텐츠를 제공하는 지역공동체의 권리로 수렴될 수도 있다. 문화콘텐츠 공급과정에서 그 문화콘텐츠를 보유하고 있는 해당 지역공동체 구성원들은 자신들의 권리를 보장받기 위해 노력하게 된다. 대부분의 도시는 생존을 위해 지속가능한 발전을 도모하고 있다. 그런데, 이 문제가 이 도시 내에 존재하는 문화콘텐츠의 권리 보호와 연결될 경우, 더욱 복잡한 문제를 야기하게 된다.

지역 내 문화콘텐츠를 활용한 지속가능한 발전은 삶의 공간이라 할 수 있는 문화콘텐츠가 존재하는 장소와 관련하여 논의해야 한다. 특히 한 도시의 개발 위치, 시기, 속도, 특성 등을 규제하는 제도의 운영과정은 문화콘텐츠의 문제와 밀접한 관련이 있다. 특정 장소 내 문화콘텐츠를 활용한 도시의 지속가능한 발전은 지역 구성원들의 삶의 질 향상을 위한 지역공동체 모두의 노력으로 이해해야 한다(김재익, 황국웅, 정현욱, 여창환, 2004). 지역공동체의 삶의 질 향상은 경제적 풍요, 환경자원의 향유, 사회적 형평성 등의 공익적 가치와 함께 균형 있게 충족되는 생활공간을 확보한다는 측면에서 주목해야 한다.

특정 문화콘텐츠를 확보하고 있는 지역의 경우, 자연스럽게 그 문화콘텐츠를 중심으로 생산, 소비, 유통, 혁신이 이루어진다. 이 과정에서 문화콘텐츠를 보유하고 있는 도시는 생산자와 소비자, 그리고 이들을 연결하는 매개자들이 밀접하게 관계를 맺고 있는 경제적 공간이다. 각 도시들은 경쟁적 우위를 차지하기 위해 도시 내 희소 문화콘텐츠자원의 이용과 관련한 치열한 경쟁을 한다. 그리고 지역사회 구성원들은 그 부정적인 영향을 차단하거나 최소화하기 위해 노력한다. 지역공동체 구성원 개인들은 그 경쟁 과정에서 다양한 문화활동을 통해 자신의 정체성을 구현하기도 한다(조광익, 2010).

지역 관광자원의 경우, 관광상품과 서비스는 지역의 자연, 문화 환경이 제공하는데, 수익은 외부 유입된 자본(기업)에 의해서 이루어지는 경우가 많다. 열악한 시장 상황에 놓인 지역공동체에서 초기 자본 투자가 어려운 상황이 발생하고, 이 경우 외부의 자본이 유입되기 마련이다. 도시의 안정적 발전을 위해서는 경제적 가치가 도시를 지탱하는 근간이 되어야 하는데, 그 가치의 실행 과정에서 수익 배분 문제가 사회갈등의 문제로 확대되기도 한다. 중소도시의 경우 원래 해당 장소에 역사문화자원이 있다고 하더라도 문화콘텐츠산업의 주요 동력으로 활용할 수 있는 재원이 부족할 수 있다. 결국 이 같은 개발 과정에서의 한계 때문에 지역 외부의 자본이 해당 중소도시로 유입되는 경우가 많다. 그 과정에서 역사문화콘텐츠는 그 지역공동체가 제공하지만, 수익의 대부분은 외부 자본이 가져가는 현상이 발생하기도 한다. 수익을 대부분 지역공동체에 재투자되는 것이 아니라 그대로 외부로 유출되기도 한다. 지역주민들은 이 같은 부작용을 줄이고자 고유한 문화콘텐츠 자원을 확보하여 이를 도시 내 수익창출의 원천으로 활용하기 위해 노력하고 있다. 이처럼 지역경제의 활성화를 위해서 다양한 문화콘텐츠에 대한 외부 투자유치가 필요하다는 점은 부인하기 어려우나 수익 배분 과정에서 공정한 절차와 결과가 구현될 수 있도록 지역공동체, 외부 자본, 지방자치 정부 간 긴밀한 상호작용이 필요한 것이다.

지역 내 문화콘텐츠 자원 및 서비스 분배의 사회적 형평성 증진을 위해서 다양한 사회적 노력이 필요하다. 지역공동체 구성원들은 자신들의 삶의 터전인 도시공간을 공동체 구성원들이 함께 일군 사회적 공간으로 인식해야 한다. 이 공간에서 창출되는 문화콘텐츠는 내부 집단들의 공동체적 삶의 양식을 촉진하고, 자원과 공간에 대한 동등한 접근성을 확보할 수 있는 수단이 된다는 사실을 잊어서는 안 된다. 그리고 문화콘텐츠 체험을 위한 지역 외부 사람들의 접근성 향상을 위해 지역 간 다양한 협의 과정이 요구된다.

더 나아가 차별화된 문화콘텐츠를 보유하고 있는 지역은 성장 및 관리와 관련된 경제적 풍요, 환경적 쾌적함, 사회적 형평성의 개념을 중심으로 도시 형성의 지속가능한 가치를 꾸준히 실천해야 한다. 도시 내 문화콘텐츠의 수익 배분과 관련한 제도적 · 윤리적 합의가 중요한 것도 이 같은 이유에서이다. 도시계획에 있어서 지속가능하고 공정한 수익구조를 유지하는 것은 도시의 자생력 확보에 있어서 가장 중요한 부분 중 하나이다. 중소도시 경제의 경우, 지역주민들의 직업의 질을 지켜내고 새로운 고용을 창출하기 위해 문화콘텐츠를 꾸준히 개발하고 발견해야 한다. 그러면서 자연스럽게 지역주민들은 자신의 거주지에 대한 애착과 관여도를 높일 수가 있다. 중소도시의 경제는 외부시장과의 연계를 필요로 하는 경우가 많기 때문에 다양한 사회적 자본의 구축과 함께 지역 정체성 보전을 위한 노력이 항상 병행되어야 한다.

문화콘텐츠를 통한 도심 내 수익창출은 삶의 질과 관련된 생활조건에서 배제된 사회계층과 지역사회 간 긍정적인 상호작용을 가능하게 한다. 도시 내 문화콘텐츠 자원의 수익 배분에서 불평등 현상이 지속적으로 심화될 경우, 지역 내 집단구성원들 간에 사회적 갈등이 야기될 수 있다. 결국 그 갈등은 도시의 생존을 위협하게 되고, 슬럼화를 유도하기도 한다. 따라서 여러 가지 도시문제를 해결하기 위해 지역 내 존재하는 문화콘텐츠의 수익에 대한 형평성을 확보하는 것은 인간, 집단, 사회가 함께 추구해야 할 공공적 가치라고 할 수 있다(Knox & Mayer, 2009).

07

문화콘텐츠산업의 개괄적 범주

포스트모던 시대의 문화콘텐츠와 체험문화

문화콘텐츠산업의 개괄적 범주

문화콘텐츠산업은 다양한 체험문화의 확산을 통해 소비자들에게 심리적 효용성을 증대시켜주는 역할을 한다. 특히 본격적인 사이버문화시대가 도래함에 따라 체험경제(experience economy)에 의한 새로운 문화콘텐츠산업의 창조적 활동이 활발하게 진행되고 있다. 다양한 시장구조 관련 쟁점들에 대해 일찍이 파인과 길모어(J. Pine & J. Gilmore)는 체험경제(experience economy)라는 개념을 통해 그 현상을 심도 있게 연구했다(Pine & Gilmore, 2011). 체험경제는 소비자 스스로가 이벤트(event)의 생산과 체험에 관여하여 만든 서비스 경제체계를 의미한다. 이 서비스 경제체계에서는 사람들이 향유하는 문화콘텐츠의 생산 및 소비 과정이 능동적으로 이루어진다. 최근 오프라인 공간 못지않게 사이버공간에서도 문화콘텐츠를 이용하는 체험경제 공간으로서 중요한 의미가 부여되고 있다. 그만큼 체험의 범주가 다양해지고, 체험을 통한 문화콘텐츠의 향유

범위도 넓어졌으며, 특정 소비기호의 집단화가 가능해지고 있다는 의미이다. 그리고 새로운 체험형 문화콘텐츠 서비스가 소비자에게 제공될 수 있는 기회도 많아졌다. 체험경제는 정보사회에서 활발하게 구조화되고 있다. 기업들은 이 체험경제를 통해 이윤을 창출하기 위한 다양한 노력을 시도하고 있으며, 그 중심에는 문화콘텐츠가 있다. 그리고 본격적인 체험경제체계가 기존의 산업군과 융합되기 시작하면서 기업은 상업화를 위한 각종 프로그램 개발과 운영에 힘쓰고 있다.

체험경제라는 새로운 시장 경제의 원리에 발맞추어 사람들이 문화 상품 및 서비스에 접속하는 속도도 빨라지고 있다. 다양한 문화콘텐츠 정보 공유가 과학기술의 발달에 따라 더 쉬워졌다. 온-오프라인 공간에서 공통된 기호를 가진 사람들이 상호작용하면서 사회구성원들의 일상생활이 더욱 동적으로 풍요롭게 변화하기도 한다. 사이버공간에서의 기술발전에 따른 문화체험을 둘러싸고 시장 영역의 자본, 기술, 인력, 조직력이 투입되고 있으며, 이 투입요소들이 문화적 욕구와 연결되면서 여러 가지 가상체험이 본격적인 문화콘텐츠상품 목록으로 편입되고 있다. 거시적인 정보사회의 변화 흐름 속에서 첨단 정보통신매체를 통해 즉각적인 정보교환 및 문화교류가 이루어지고 있으며, 새롭게 구성된 삶의 생활양식에 대한 개별적 관심 역시 증폭되고 있다. 그리고 다양한 문화콘텐츠산업의 하위 범주들이 체험경제에 관여하는 소비자에게 구조적으로 다가가고 있다. 수많은 문화콘텐츠 산업의 종류들이 있으나, 최근 주목받고 있는 문화콘텐츠 산업의 범주를 개괄적으로 정리하면 다음과 같다.

1. 영화콘텐츠

영화는 필름과 촬영기를 사용해 대상을 포착하여 현상과 편집을 하고, 영사기를 통해 스크린에 재현해내는 종합예술의 성격을 지닌 문화콘텐츠이다. 영화는 연속촬영으로 기록한 필름상의 화상을 스크린에 투영하여 움직임 있는 영상을 통해 만들어진 콘텐츠를 의미한다. 최근에는 필름뿐만 아니라 디지털영상 이미지로 구현된 작품 역시 영화로 명명된다(김평수, 윤홍근, 장규수, 2018). 영화콘텐츠는 영화작가가 표현하려고 하는 텍스트를 동작을 통해 나타낸다. 즉 시나리오에 기술된 문자매체를 표현매체인 이미지로 대체하여 작가의 주관적 의식과 스타일을 감정적으로 구현해낸다는 특징을 지닌다.

현재 이 영화콘텐츠를 통해 관련 산업군의 규모가 성장하고 있다. 영화산업이란 영화의 제작 및 유통에 관련한 모든 산업의 집합으로 영화를 통해 이윤을 창출하는 관련 산업을 포괄하는 생산 및 소비 활동의 집합이라고 할 수 있다(김평수 외, 2018). 영화는 다른 문화콘텐츠에 비해 종합예술적 성격을 지니는데, 그 이유는 문학, 연극, 음악, 미술, 사진, 조명, 촬영 등의 모든 문화예술 분야와 기술들이 총망라되어 있기 때문이다. 산업과 연계되면서 영화콘텐츠에 여러 가지 상업적 목적이 투영되기 시작했지만, 특정 분야의 영화 속에는 여전히 순수예술적 감정교감을 유발하는 콘텐츠들이 포함되어 있다.

영화는 하나의 콘텐츠를 통해 다양한 부가가치가 창출되는 고부가가치산업이다. 영화를 통해 일단 한번 문화콘텐츠가 만들어지면 언제든 추가적인 부가가치 창출 기회가 지속적으로 이루어지는데, 이를 창구효과(window effect)라고 한다. 창구효과란 하나의 문화상품이 한 영역에서 만들어진 후 기술적인 변화를 통해 문화산업 내·외부로 그 활용이 지속되면서 가치가 증대되는 효과를 말한다. 영화가 만들어진 후 다양한 기술력에 의해 DVD, TV, 컴퓨터 파일 등의 형태로 만들어져 방영·판매되는 경우를 들 수 있다(김형석, 1999).

최근 정보통신기술의 발달에 의한 다양한 미디어의 발달을 통해 영화콘텐츠가 수익을 올리는 과정 역시 다양하게 진행되고 있다. 사이버공간의 즉시성으로 인한 소비자의 적극적 소비활동과 정보공유현상 덕분에 영화콘텐츠의 경우 하나의 문화콘텐츠가 특정 미디어에서 다른 미디어로 이동하는 시간적 간극이 과거보다 훨씬 더 짧아졌다. 흔히 말하는 홀드백(holdback) 시간이 단축된 것이다. 홀드백의 사전적 의미는 공중파 본방송 이후 다른 방송 플랫폼에서 재방송되기까지 소요되는 시간을 뜻한다. 좀 더 넓은 의미로는 하나의 문화콘텐츠에 대한 판권이 다른 곳으로 넘어가는데 소요되는 시간이라고도 할 수 있다(김평수 외, 2018; 김형석, 1999). 사이버공간에서 문화콘텐츠가 대량 생산되고 하나의 미디어에서 다른 미디어로 콘텐츠의 상영 공간이 이동할 때, 소비자들은 관련 정보를 공유하는 기회가 많아지며, 그 속도도 빨라지고 있다. 이 같은 영향으로 영화콘텐츠 생산자의 입장에서는 소비자들이 해당 내용을 미리 알기 전에 신속하게 다른 미디어를 통해 콘텐츠 정보를 시민들에게 공개할 수밖에 없다. 따라서 홀드백의 시간적 간격은 과거 정보사회가 도래하기 전보다 훨씬 짧아졌으며, 이는 문화콘텐츠산업 전반에 영향을 미치고 있다.

한편 영화는 경험재로서의 창작물로 일단 완성품으로 만든 후 다수 소비자들의 개방된 반응을 살펴야 하기 때문에 수익성만큼 위험성도 큰 '하이리스크 & 하이리턴(high risk and high return)' 형 상품이다. 온라인 플랫폼과 기술력의 영향으로 영화콘텐츠로 방영되는 콘텐츠 자체가 많은 사람들에게 개방 · 공유될 수밖에 없기 때문에 저작권 보호는 영화산업뿐만 아니라 문화콘텐츠산업 전반에 걸쳐 중요하게 다루어져야 하는 문제이다. 더군다나 영화콘텐츠는 다른 문화콘텐츠에 비해서 연속적으로 소비되는 경향이 약하기 때문에 초기 집중적인 마케팅과 그 시기의 저작권 보호는 더욱 중요하다. 이러한 특성 때문에 이미 영화관련 기업에서는 와이드릴리스(wide release, 확대개봉) 전략을 강화하고 있다. 와이드릴리스 전략이란 개봉 초기 첫 주의 성적을 기준으로 관객들의 선호에 따라 상영관 수를 효율적으로 조절하는 대규모 상영 방법으로, 처음에 가능한 많은 상영관을 확보해 사람들에게 콘텐츠를 선보인 후 수요가 많은 콘텐츠는 상영관을 유지하거나 늘리는 반면, 그렇지 않으면 줄여나가는 전략이다(김평수 외, 2018; 김형석, 1999). 영화가 처음 상영된 후에는 온라인 등을 통해 사람들의 영화에 대한 평가가 빠른 속도로 진행되기 쉽다. 따라서 혹시라도 영화콘텐츠가 부정적 평가를 받게 되는 위험성을 감소시키기 위해서 구체적인 평가 이전의 시기인 상영 초기에 많은 수의 상영관을 확보하는 전략을 취하게 되는 것이다. 이를 통해 개봉 초기에 문화콘텐츠를 소비하는 사람들의 부정적 구전(口傳)효과를 줄이면서, 이와 동시에 많은 관객 수를 초기에 확보하는 선점효과(first effect)를 노리는 경영전략을 실천하고 있다. 결국 영화콘텐츠 소비 과정에서 나타나는 이 같은 현상은 온라인을 통한 소비자들의 개방된 정보공유의 속도 때문에 발생하게 된다.

최근 들어 영화산업의 특성이 전반적으로 변화한 것은 결국 그 부가가치의 확장성에 기업이 주목했기 때문이다. 따라서 영화자본은 현재 극장용 영화는 물론 온라인 스트리밍 영화배급시스템 등을 통해 시장에 다양한 영향을 미치고 있다(김평수 외, 2018). 스트리밍(streaming)은 인터넷상에서 음성이나 영상 콘텐츠를 실시간으로 재생하는 방식을 말한다. 별도의 파일저장공간 없이 문화콘텐츠를 자유롭게 재생할 수 있는 장점이 있으며, 무선 인터넷 서비스의 품질이 높아지면서 사람들이 자유롭게 스트리밍 서비스를 활용할 수 있는 환경이 조성되면서 문화콘텐츠를 체험할 수 있는 기회가 더욱 커졌다. 온라인 스트리밍 서비스 시장의 확산은 영화콘텐츠의 다변화를 이끌어 가고 있다. 소비자 역시 시·공간 제약에 상관없이 영화콘텐츠를 소비할 수 있는 사회구조적 환경을 맞이하게 되었다.

2. 만화애니메이션콘텐츠

만화애니메이션콘텐츠는 그래픽 기술이 추구하는 예술적 가치를 지니고 있다. 만화애니메이션은 과학기술의 지속적인 발전으로 효과적인 기록 메시지를 전달하는 수단으로 이용되기도 하고, 독특한 홍보 기능을 수행하기도 한다. 최근에는 교육콘텐츠의 하나로 대화, 유머, 풍자 등을 통해 공공정보를 구체적으로 표현하고 있으며, 원작만화가 애니메이션, 완구 등으로 전환되는 과정에서 캐릭터 상품화가 이루어지면서 각각의 문화콘텐츠에 저작권이 부여되는 고부가가치산업의 하나로 자리매김하고 있다(김영순 외, 2010; 김평수 외, 2018).

만화애니메이션콘텐츠는 미술, 음악, 이야기, 연출, 촬영, 과학, 문학 등 복합적인 학문분야가 총망라된 종합적 지식을 추구하는 과정을 통해 완성된다. 다른 문화콘텐츠의 판매를 위한 광고에 활용되기도 하며, 게임, 영화 등 다양한 문화콘텐츠 영역들과 직접적으로 연계되어 그 위상을 높여가고 있다. 더군다나 과거의 기존 만화시장이 사이버공간으로 확대됨에 따라 웹툰(webtoon)의 경우 이미 다양한 마니아(mania)층을 형성하고 있다. 웹툰은 온라인 공간인 웹(web)과 카툰(cartoon)의 합성어로 각종 멀티미디어를 활용하여 창작된 인터넷 만화를 뜻한다(김영순 외, 2014; 김평수 외, 2018).

최근 들어 애니메이션은 컴퓨터 기술을 활용한 콘텐츠 창조작업으로 완성되고 있다. 컴퓨터를 이용해서 영상을 만들고 변형 및 합성 과정 등이 이루어지며, 기존 수작업으로는 어려웠던 3차원 애니메이션까지 제작되고 있다. 특히 문화콘텐츠를 만드는 과정에서 적재적소에 활용 가능한 컴퓨터 소프트웨어가 다수 개발되면서 제작비 절감뿐 아니라 신속하게 애니메이션콘텐츠가 만들어지고 있다.

애니메이션은 기본적으로 만화가 제작되는 과정을 기반으로 콘텐츠를 만들게 된다. 플롯과 스토리를 만들고 캐릭터를 설정하여 콘티뉴이티(continuity)를 작성하고 밑그림을 그리면서 기본틀을 구성하게 된다. 소위 '콘티'라고 불리는 이 과정은 영화나 텔레비전 드라마의 촬영을 위하여 각본을 바탕으로 필요한 모든 사항을 기록하는 과정을 의미한다. 애니메이션 제작은 기획단계에서 완전히 새로운 문화콘텐츠를 만들지, 이미 창작되어 있는 기존의 문화콘텐츠를 활용할 것인지의 여부와 아이디어를 어떻게 구체화할 것인지 등의 의사결정을 하게 된다. 그 내용이 결정되면 구체적인 시나리오를 만들고 콘티를 구성하여 문화콘텐츠로서의 작업과정이 체계적으로 진행한다. 장면번호, 화면크기, 촬영 위치, 소품, 대상 등이 모두 기록되어 있다. 그 이후에 애니메이션 레이아웃을 구성하여 촬영한 후, 최종 현상과 편집, 녹음, 음악 작업을 진행함으로써 한편의 애니메이션이 완성되는 것이다(김평수 외, 2018).

애니메이션 산업이 성공하기 위해서는 상업적으로 치밀한 조직과 기획이 있어야만 한다. 전문적인 과업의 분담으로 이루어지는 종합적인 문화콘텐츠 구성이 이루어지는 만큼 예술인과 기술자의 조화로운 협업 과정이 중요하다. 애니메이션은 문화콘텐츠로서 다양한 소비자의 욕구를 충족시킬 수 있는 장점을 가지고 있다. 따라서 문화콘텐츠 창작 과정 이전에 현재 시점에서 마니아층을 대상으로 하는 콘텐츠를 만들지, 가족 등이 함께 체험할 수 있는 보편적 가치에 입각한 콘텐츠를 구성할지 여부에 대해서 항상 정확한 판단을 내릴 수 있어야 한다. 창작과 기획 과정에서 참신한 이야기 소재의 개발은 필수적인 요소라고 할 수 있는 것이다.

3. 음악콘텐츠

음악콘텐츠와 관련된 음악산업은 콘텐츠 창작에서부터 음반 제작 · 활용 · 유통 · 보급 · 수출입 등에 관련된 영업, 대중음악 공연을 총체적으로 지칭한다. 또한 이와 더불어 음반, 공연, 출판, 매니지먼트, 영상물 활용 등 아티스트와 음원을 사용하여 가치를 창출하는 모든 사업을 말한다. 음원이란 음 또는 음의 표현으로서 유형물에 고정시킬 수 있거나 전자적인 형태로 수록할 수 있는 콘텐츠를 말하며, 음반은 음원이 유형물에 고정되어 재생하여 들을 수 있도록 재생된 것을 의미한다. 그리고 음악파일은 음원이 복제, 전송, 송수신될 수 있도록 전자적 형태로 제작되거나 전자적 기기에 수록된 것을 의미한다(김평수 외, 2018).

음반산업은 음악산업의 하나로 카세트테이프, LP, CD와 같은 음반의 제작, 배급, 출판과 관련된 산업을 총칭한다. 그리고 디지털음악산업은 음악을 MP3 등 디지털파일로 변화하여 온라인 또는 무선 인터넷을 통해 컴퓨터 등으로 들을 수 있는 음악을 말한다. 디지털음악은 인터넷을 통해 다운로드하거나 스트리밍을 통해 컴퓨터, MP3 플레이어 등으로 소비할 수 있고, 무선인터넷 음악은 스마트폰의 보급과 통신기술을 통해 태블릿PC, 스마트폰 등의 휴대용 기기로 서비스되어 소비된다(김평수 외, 2018; 한국콘텐츠진흥원 정책본부, 2018). 소비되는 음악콘텐츠는 소비자가 여가를 즐길 수 있는 수단으로 주로 감정적 필요에 의해서 소비하게 되는 문화상품이다. 다른 문화콘텐츠에 비해서 좋고 싫은 감정이 매우 빠른 시간에 결정되고, 소비의 시간적 패턴 역시 매우 짧게 나타나게 된다(김영순 외, 2010).

음악콘텐츠산업의 전반적인 시스템은 음악콘텐츠를 직접 창조하는 아티스트와 음반 발매를 기획하는 매니지먼트사, 음반을 만들고 마케팅하는 제작사, 음반을 유통 · 배급하는 업체가 연계되어 있다. 음악콘텐츠가 만들어져 유통 · 소비되는 과정에서 불법음원복사, 표절 등의 저작권 문제가 자주 발생하기도 한다. 왜냐하면 하나의 음악콘텐츠는 다양한 분야로 다시 재가공되어 많은 수익창출을 유발할 수 있기 때문이다. 최근 음악콘텐츠는 온라인 음악서비스에 의해 향유되는 디지털 음원으로 이어지고 있다. 디지털 음원시장은 온라인, 모바일 등 뉴미디어를 통해 통화연결음, 벨소리, 스트리밍 서비스 등으로 이어지면서 하나의 음원이 다른 음악콘텐츠 서비스로 연계되어 소비되고 있다. 디지털 음악시장의 급성장과 다양한 매니지먼트사의 자본 투입, 정보통신기술 발달에 따른 수익의 다양화 등은 음악콘텐츠산업 확산에 긍정적인 기능으로 작용하고 있다. 하지만 온라인 기술 발달에 따른 불법복제 문제, 수익구조의 불안정성 등은 여전히 소비자가 음악콘텐츠를 건전하게 향유하는데 장애요인으로 자리하고 있다(김평수 외, 2018).

4. 게임콘텐츠

게임은 놀이, 유희, 오락, 재미있는 일을 가리키며 최근에는 즐거움을 위한 다양한 놀이문화로 의미가 확대되어 개념화되고 있다(노영희, 2006). 게임은 게임장 업소에 설치된 아케이드 게임, 가정용 게임이라 할 수 있는 비디오 게임, 컴퓨터를 통해 게임 프로그램을 이용하여 즐기는 PC게임, 공간적으로 멀리 떨어진 대상과 네트워크를 통해 접속하여 타인과도 게임을 할 수 있는 온라인게임, 스마트폰 등을 활용하여 통신망에 접속하여 즐기는 모바일 게임 등으로 분류 가능하다(김평수 외, 2018; 한국콘텐츠진흥원 정책본부, 2018).

게임산업의 성공적 운영을 위해서는 다양한 관련 업계 종사자들의 노력이 필요하다. 게임산업의 부가가치 창출에 가장 중요한 역할을 하는 게임소프트웨어 개발자는 중요한 전문 인력으로서 각 기업 등에 많은 인력이 고용되어 게임개발을 진행하고 있다. 게임소프트웨어 개발자들은 게임산업에 있어서 해당 문화콘텐츠의 원형을 제공한다는 점에서 핵심적인 중요한 역할을 담당하고 있다. 그리고 일단 게임이 만들어지면 게임 퍼블리셔(publisher)의 역할이 중요하다. 이들은 게임의 완성 및 유통 관련 제반사항을 계획하고 관리하여 완성된 게임이 소비자에게 전달되기 전 도매상에 이르는 과정에 대해서 책임을 지는 배급업자로서 역할을 하게 된다. 따라서 마케팅(marketing), 라이센싱(licensing), 프로듀싱(producing) 과정에서 중요한 역할을 하게 된다. 한편 게임이 만들어지고 전달되는 과정에서 중요한 역할을 하는 플랫폼 제공자는 적절한 게임 소프트웨어 플랫폼을 제공함으로써 게임이 원활하게 운영되는 기회를 제공한다. 플랫폼 제공자가 직접 게임 개발사와 퍼블리셔를 보유하고 있는 경우도 있으며, 직접 소유하지 않고 외부에 독립된 형태로 존재하기도 한다. 게임은 이와 같은 일련의 과정을 거치면서 게임기나 소프트웨어를 유통하는 도소매업자를 통해 최종소비자에게 전달된다(김평수 외, 2018).

게임콘텐츠는 멀티미디어를 활용하여 재미를 추구하며 게임 진행과정에서의 풍부한 이야기소재 등을 통해 많은 부가가치를 창출해낸다. 게임콘텐츠는 제조업에 비해 기계적 장비의 투자비용을 줄일 수 있고, 수익창출과정에서 인문학적 콘텐츠 역시 중요한 역할을 담당한다. 따라서 소위 말하는 원소스 멀티유스(one source multi-use: OSMU) 전략을 통해 하나의 아이디어

소재를 다른 장르에 파급시켜 큰 효과를 얻을 수 있는 마케팅 전략을 수립하게 된다. 현재 애니메이션, 디자인, 소설, 캐릭터 상품 등 다양한 콘텐츠들이 게임에 활용되고 있다.

이처럼 게임산업은 다양한 산업연관성을 갖고 있기 때문에 교육콘텐츠, 광고 등의 분야에서 폭넓게 응용되고 있다. 최근에는 e스포츠(e-sports) 분야가 발전하면서 게임콘텐츠에 대한 관심이 더욱 높아지고 있다. 더 나아가 프로게이머라는 신종 직업군의 활약으로 게임콘텐츠는 문화콘텐츠로서의 정체성이 더욱 확장되는 계기가 마련되었다.

일단 게임콘텐츠가 산업적으로 성공할 경우, 매우 높은 수익창출이 기대되지만, 그만큼 게임업체 수도 많아 경쟁 관계에서 도태되어 실패할 가능성도 높다. 이는 소수의 상위 업체들이 전체 게임산업의 흐름을 주도하고 있기 때문이다. 또한 강한 오락성으로 인해 게임중독과 관련된 병리적 현상으로 인식되어 부정적인 영향력을 끼친다는 연구결과들도 나타나고 있다.

5. 관광콘텐츠

관광은 상용, 직무, 유람, 기분전환, 견문, 휴양 등의 목적으로 일시적으로 거주지를 떠나는 여행의 총체적인 개념을 뜻한다. 관광을 통해 인간이 일상을 떠나 자유롭게 여행하며 체류하는 과정을 겪게 된다. 관광은 생업과의 지속적인 관련 없이 다시 돌아올 예정으로 타지를 여행하고, 체재함에 따라 일어나는 모든 관계 및 현상으로 일상권을 벗어나 타인, 타지역사회와 상호작용을 하면서 다양한 산업적 관계가 형성되기도 한다(김영순 외, 2010).

관광은 일상생활에서 탈일상생활로의 이동을 전제로 하기 때문에 시 · 공간은 관광과 위락의 기본적인 속성이자 중요한 수단이라고 할 수 있다. 다양한 문화콘텐츠의 소비활동 중 별도의 여가시간 확보와 장소의 이동 및 회귀를 전제로 하는 관광은 시 · 공간 영역의 변화와 사회구성원들의 인식 흐름에 따라 그 향유 방식이 달라지고 있다. 더 나아가 관광을 통해 다른 지역사회에 대한 심미적 평가까지도 변화시킨다.

한편 일상생활에서 탈일상생활 영역으로 이동하는 시 · 공간적 장벽이 교통수단의 발달 등의 기술적 발전으로 점차 줄어들면서 장소 내 속해 있는 문화콘텐츠 개발의 다양성 추구 활동에 대한 자본의 민감성은 증가하고 있다. 새롭고 차별화된 장소성에 기반을 둔 문화콘텐츠가 타지역 사람들의 새로운 체험 욕구를 만족시킬 수 있는 감정적 효용성을 더욱 커지게 만들고 있는 것이다(Harvey, 1989; Lash & Urry, 1994). 사람들은 관광을 통해 일상의 시 · 공간에서 이동함으로써 일시적으로 심리적 해체과정을 체험하고, 다양한 사회적 제약으로부터 탈피하는 만족감을 얻게 된다. 현실과 완전히 다른 공간적 격리를 통해 새로운 세계를 체험함으로써 그동안 알지 못했던 다양한 형태의 심리적 몰입에 다다르게 된다. 일상에서의 예상 속에서 반드시 거쳐야만 하는 심리적 과정, 예컨대 환상의 세계를 찾아가기 위해 미리 준비해야만 하는 어떠한 복잡한 심리적 절차 없이도 여기가 아닌 다른 하나의 외부 세계로 우리를 인도하는 것이다. 바로 여기에 새로운 공간에 대한 상상력이 발동하게 된다. 그것이 바로 장소의 차이에 의한 여행 속에 존재하는 색다른 매력이라고 할 수 있는 것이다(이진홍, 2004).

이와 같은 여행의 속성에 기업은 탈일상적 생활이라는 차이의 실체를 이용하여 장소를 상품화시키면서 관광산업을 확장시키고 있다. 이처럼 관광을 통해 사람들은 세계의 다양성을 접할 수 있는 다양한 문화콘텐츠상품과 마주하게 되었다. 관광콘텐츠의 소비는 시·공간을 활용한 문화콘텐츠 소비를 의미하기도 하며, 그 활동의 결과로 한 개인이 세계와 맺는 관계는 일상성과는 다른 방식으로 변화하게 된다.

관광을 통해서 문화콘텐츠는 다양하게 창조되고 구성된다. 예를 들어 역사문화관광은 유·무형의 문화유산콘텐츠를 관람하는 과정으로 이루어지며, 전통문화 체험관광은 다양한 시기와 장소에서 나타난 인간의 생활문화에 대한 전반적인 체험을 통해 교육 효과를 기대한다. 민속예술관광은 전통적인 축제나 이벤트 등에서 전통성이 포함된 예술, 전통행위 등을 총체적으로 체험하게 되며, 현대예술관광은 다양한 문화시설에서 구현되고 있는 작품, 공연 등을 관람함으로써 예술적 희열을 맛볼 수 있다(김영순 외, 2014).

한편 영화, 애니메이션 등의 문화콘텐츠나 역사문화유적 등을 적용한 테마파크(theme park)를 구성하여 방문객을 유도하는 관광산업도 활발하게 나타나고 있다. 테마파크는 일상생활에서 벗어나 탈일상적 문화체험 과정에서 비롯되는 휴식과 놀이가 함께 실현된다는 점에서 사람들의 관심을 받고 있다. 그리고 리조트(resort) 산업과의 연계를 통해 관광매력물의 체험활동을 통한 자본 축적이 극대화되기도 한다. 테마파크는 놀이시설 건설을 효과적으로 할 수 있는 건축 등의 하드웨어적 기술력을 비롯해 내부 이야기 콘텐츠의 효과적인 활용을 통해 문화콘텐츠의 집결지로 각광을 받고 있다.

관광을 위한 다양한 문화콘텐츠들은 즐거움을 주는 존재뿐 아니라 공공적 가치로서의 의미를 지니며 사람들에게 전달되기도 한다. 예를 들어 친환경적인 삶의 가치를 추구하는 사람들을 위해 녹색관광이라고 명명되는 자연 중심의 관광콘텐츠를 구성하여 사람들의 방문을 유도하기도 한다. 이 대안적 관광 유형은 지역공동체 중심으로 소규모 단위로 운영되는 경우가 많다. 지역 고유의 자연환경과 경관, 보존된 역사유적 등을 체험할 수 있는 기회를 문화콘텐츠 소비자들에게 제공한다. 이 같은 녹색관광의 근본이념인 자연환경 보존과 지역공동체 주민의 주체적 참여는 문화콘텐츠를 활용한 경제효과를 추구하는 자본의 본성과 일치하지 않는 점도 발생한다. 따라서 녹색관광과 같은 새로운 문화콘텐츠의 가치 전달 과정에 대해서는 일반적인 관광콘텐츠 소비 과정과는 다른 관점에서의 소비자 행동에 대한 연구가 이루어져야 한다. 이러한 관광산업 유형은 일반적으로 경제적 이윤을 추구하는 관광개발 주체인 자본의 경제적 이윤추구 노력뿐만 지역 공동체가 안정적으로 유지 · 발전할 수 있도록 지역주민의 자생력을 고려한 상태로 세밀하게 운영되어야 한다.

한편 관광을 통한 문화콘텐츠는 일반적인 내륙 중심의 관광 활동을 위한 문화콘텐츠뿐만 아니라 해양에서도 다양하게 체험할 수 있는 콘텐츠들이 많다. 해양관광은 크게 해양의존형 관광과 해양연관형 관광으로 범주화할 수 있으며, 이를 정리하면 다음과 같다.

첫째, 해양의존형 관광은 다시 해양레저스포츠형, 해양휴양형, 해양유람형 관광으로 나눌 수 있다. 해양레저스포츠형 관광으로는 모터보트, 수상오토바이, 수상스키, 패러세일링, 요트, 윈드서핑, 해양다이빙 등이 있으며, 이 같은 활동에는 많은 시간과 비용, 시설 투자가 필요하다. 한 예로 모터보트나 요트 등의 레포츠 선박을 이용할 경우, 선박 크기가 일정수준 이상이 되면 수상레저안전법에 따라 선박조정 면허를 취득하여야 한다. 특히 요트의 경우 그것을 수용할 수 있는 마리나(marina) 시설의 건설이 필수적이며, 높은 가격으로 수입되어 판매되기 때문에 이용자들은 쉽게 향유하기 어렵다. 마리나란 요트, 모터보트 등의 선박을 위한 항구, 항로, 정박, 계류, 보관 등의 편리를 제공하는 시설을 의미한다. 더 나아가 마리나 이용자들에게 편리를 제공하기 위한 클럽하우스, 호텔, 위락시설, 녹지공간 등의 시설을 포함하여 마리나의 범위를 규정하기도 한다. 한편 해양휴양형 관광은 기후가 온화하며 주변경관이 수려하고 도서가 다수 분포되어 있는 곳에서 주로 이루어진다. 한편 해양유람형 관광은 국제 · 연안크루즈관광, 관광유람선관광, 해저유람, 관광용 잠수정 등을 이용한 관광을 의미한다(김성귀, 2013). 크루즈관광은 단순히 지역을 이동하는 일반여객선과는 달리 전체 관광여정 자체가 위락을 목적으로 하는 해상여행으로 숙박 · 식사 · 음주 · 오락 시설 등 관광객을 위한 각종 편의시설을 갖추고 있으며, 관광객들의 높은 수준의 비용지불과 시간소비를 통해 이루어진다. 크루즈관광의 경우, 여행사의 수익도 높고, 정박하는 지역에 대한 경제적 기여도뿐 아니라 부가가치 창출효과까지 높아 세계 각국이 관심을 보이고 있다(김성국, 2012; 이경모, 2004).

둘째, 해양연관형 관광은 해양박물관, 수족관, 해양축제 방문 등으로 구성된다. 해양박물관은 주로 과거의 해양유물 전시 등 무생물 위주로 시설 내 콘텐츠가 이루어진다. 수족관은 살아 있는 해양생물을 전시하는 시설로 교육, 전시, 보전 등의 기능을 담당한다. 해양축제 역시 다양한 해양문화자원을 토대로 다양한 체험 프로그램을 구성하여 많은 지역에서 개최되고 있다(김성귀, 2013).

그밖에 모터보트(motor boat), 수상오토바이(personal water craft), 수상스키(water ski), 패러세일링(para sailing) 등을 이용한 해양여가활동은 많은 교육과 경비가 소요되기도 한다(고호석, 2012). 이 같은 해양문화콘텐츠의 효과적인 체험을 위해서는 우선 해양관광에 참여하는 방문객들의 기본적인 인구통계학적 특성 및 참가 동기를 파악해야 한다.

결국 해양관광의 중요한 결정요소는 자연환경인데, 이 자연환경은 중요한 문화콘텐츠로 이용된다. 해양관광자원은 대부분 연안이나 해역에 부존하는 관광자원을 의미한다(山崎光博, 小山善彦, 大島順子, 1997). 이 해양관광의 성패여부는 관련된 문화콘텐츠자원을 이용할 수 있는 어메니티(amenity) 수준, 접근성 정도와 밀접한 관련이 있다. 이와 같은 문화콘텐츠 체험을 매개할 수 있는 자원 요소들의 개선여부에 따라 관광산업이 성공할지, 실패할지 여부가 결정되는 것이다. 내륙의 문화콘텐츠 체험으로 이루어지는 관광과 비교해 볼 때 해양문화콘텐츠를 활용한 관광은 해양 특유의 자연적 특징 때문에 발생하는 안정성의 문제, 내구성 있는 시설의 필요성, 많은 시설 투자비의 요구, 계절성의 영향 등 여러 가지 제약요인이 따르기 때문이다.

6. 음식콘텐츠

세계화의 영향으로 사람들의 활동영역이 확대되고 있다. 다양한 문화에 대한 자연스러운 체험을 통해 타문화 생활에 대한 거부감이 완화되고 있는 것이다. 사람들의 문화 정체성 역시 이질적 시·공간 문화의 네트워크 구조에 의해 변화하고 있다. 구조화된 사회체계와 인간 개인의 생활양식이 서로 영향을 주고받는 과정에서 다양한 형태로 문화 수용성의 범위가 확장된 환경이 조성되고 있다(민웅기, 박봉규, 2015; Rifkin, 2001).

이 같은 시대적 변화 속에서 사람들이 서로의 차이를 이해할 수 있는 생활양식 간 경계확장에 있어서 매개 역할 담당하고 있는 문화콘텐츠가 음식이다. 음식은 사회구성원의 삶과 직접적인 연관성을 갖고 있다. 사람들은 일상성의 문화범주인 음식에 가치와 의미를 부여하기도 한다. 세계의 많은 사람들이 음식을 통해 그들의 삶의 가치를 표현해왔다. 힌두교는 쇠고기를, 이슬람교는 돼지고기를 먹지 않으며, 불교의 승려들이 육식을 섭취하지 않고, 기독교 성직자들이 음주를 터부시하는 것이 그 대표적인 예들이라고 할 수 있다. 이처럼 음식은 종교와 관련된 특정 문화에 기반을 둔 삶의 가치이며, 구성원들이 인위적으로 변형하기 어려운 역사적 생활양식이 내재해 있다. 신자유주의가 세계를 지배하고 있는 이 시대에도 시장 영역의 논리 역시 이 영역에 쉽게 침투하지 못하고 있다. 음식문화는 그만큼 강한 고유성을 지니고 있는 것이다.

시장의 상황과는 관계없이 자신이 접해보지 못했던 음식을 맛보는 것을 의미 있는 문화콘텐츠 체험 행위로 사람들이 인식하기 시작했다. 소위 말하는 맛집 탐방이라는 새로운 여행 콘텐츠 역시 이 같은 사회적 맥락에서 나타난 것이다. 그리고 이제 많은 다국적 · 초국적 기업들이 각각의 문화권이 음식 속에서 추구하는 신성하고 윤리적인 소비가치에 대해서 인식하기 시작했다. 다른 지역과 문화의 음식을 체험한 사람은 평소 자신의 일상생활문화와는 다른 타문화에 대한 자연스러운 접속을 통해 타문화에 대한 이해도를 높일 수 있다. 그리고 새로운 문화콘텐츠와의 일상적 교환을 통해 고유성에 근거한 타문화체험에 대한 인간의 근원적 욕구가 충족될 수 있다(池上惇, 1996; MacCannell, 1973; Rifkin, 2001).

지금까지 살펴본 내용에 근거했을 때, 외식산업은 음식이라는 새로운 문화콘텐츠를 탄생시켰다고 볼 수 있다. 외식산업은 음식을 맛보는 과정에서 자연스럽게 먹거리를 중심으로 하는 특정 지역의 고유한 문화를 체험할 수 있다. 최근 소비자의 음식문화 체험을 위한 기업들의 다양한 전략들이 등장하고 있다. 특히 음식콘텐츠에 기반을 둔 프랜차이즈 기업들의 급속한 성장 과정은 문화관광의 확산과 밀접하게 관련되어 있다. 하지만 최근의 시대적 흐름에 부응한다고 해서 외식프랜차이즈 기업들이 반드시 성공하는 것은 아니며, 재무구조, 마케팅기획, 인적관리 등의 복잡한 경영전략이 함께 체계화되어야 성공을 담보할 수 있다(김문식, 김남조, 2013). 실제로 지역별 음식관광활성화를 위해 외국인 방문객 시장을 세분화하는 등 관광자들의 방문을 유도하기 위한 대안들이 국내외 곳곳에서 이루어지고 있기도 하다(강성진, 도경록, 조록환, 2014; 도경록, 박덕병, 2013). 최근에는 음식을 중심으로 하는 문화콘텐츠 체험을 홍보하여 지역관광을 활성화시키기 위해 각 지역 도시와 정부, 기업들이 노력하고 있다.

음식관광은 특수목적관광(special interest tour: SIT)의 한 분야로서 음식과 관련된 특산물 등이 생산되거나 요리되는 주요 관광목적지에서 특별한 음식을 맛보려는 사람들의 욕구가 주요 여행 동기로 나타나게 된다(Hall & Sharples, 2003). 아직까지 음식과 관련된 외식산업이 체험형 문화콘텐츠와 연계되어 논의되기보다는 별개의 산업으로 여겨지는 경향이 많지만, 이미 세계에서는 자국 음식을 세계화시켜 문화관광과 연계하여 이를 문화콘텐츠자원으로 활용하려는 많은 노력들이 이루어지고 있다(김현주, 2017; 박형희, 2006).

국가와 민족에 따라 그들이 선호하는 음식 종류가 다르기 때문에 음식콘텐츠를 문화산업으로 육성하는 과정에는 여러 가지 고려해야 할 점들이 많다(김동준, 김충호, 2015; 최하연, 곽공호, 김학선, 2017). 음식콘텐츠에는 많은 사회문화적 의미가 내재해 있기 때문이다(오세경, 김영순, 2016). 다양한 음식콘텐츠들은 오랜 기간 인간 개인을 둘러싼 환경적 요인들과 밀접한 관련을 맺고 있다. 음식과 연관된 사회 환경은 다시 인간에게 영향을 미친다. 음식문화 역시 인간의 삶에 근간이 되는 환경구조를 이루고 있다. 세계화 시대를 맞이하여 현재 다양한 음식콘텐츠가 문화산업의 한 분야로서 자리잡고 있음에 틀림없다.

08

다문화사회의 문화콘텐츠

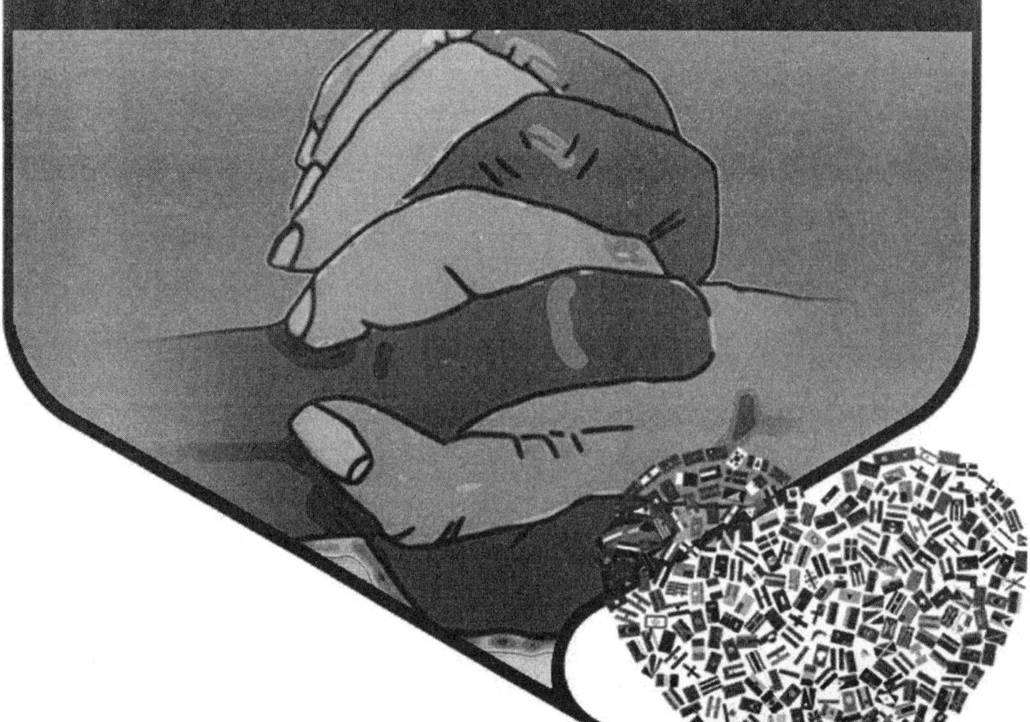

포스트모던
시 대 의
문화콘텐츠와
체 험 문 화

8장

다문화사회의 문화콘텐츠

1. 다문화사회에서 문화콘텐츠 체험의 복합적 의미

세계화 시대를 맞이하여 다민족 · 다인종의 특성을 지닌 이주민들이 세계 각 국가로 이동하면서 이들을 포함한 다양한 인구통계학적 성격의 사회구성원들이 함께 생활하는 사회가 되었다. 소위 말하는 다문화사회가 본격적으로 도래한 것이다. 우리가 흔히 말하는 다문화주의는 다양한 가치를 반영하고 있기 때문에 이를 한마디로 정의하기란 매우 어렵다. 통상적으로 학계에서 공통적으로 개념정리하고 있는 내용을 요약하면 다문화주의란 한 사회 내 다양한 인종이나 민족 집단들이 자신들의 문화를 단일한 문화로 동화시키지 않고, 서로의 문화를 인정하면서 공존하게 하는 목적의 이념 체계와 이를 실현하기 위한 정부의 정책 및 프로그램을 총칭한다(윤인진, 2008).

한 사회에서 새롭게 삶을 위한 환경을 만들어가는 다문화가족들은 물리적 거주 생활공간의 변화는 물론 이주 후에는 혼인생활이라는 새로운 내재적 삶의 변화에 이르기까지 총체적인 문화충격을 경험하게 된다(김은미, 양옥경, 이해영, 2009). 대부분 이러한 문화 간 상호작용 과정에서 기존 사회질서에 새롭게 유입된 구성원들은 다양한 배제 기제에 직면하기 쉽다. 특히 새로운 사회구성원 집단의 문화적 수준이 기존 주류문화와 비교했을 때, 단순한 하위문화로 간주할 수 있을 정도의 적은 수이거나 그 문화적 공간의 범위가 일정 지역에 한정되어 있다면 사회적 배제의 질서는 더욱 심각하게 작동하기도 한다. 따라서 이들을 포용할 수 있는 여러 가지 문화교육 관련 산업들이 각 사회에서 활발하게 이루어지고 있다. 세계 각국의 다문화가족들이 겪게 되는 문화 충격들로 말미암아 이들을 위한 다양한 정책 운영을 놓고 고민하지 않을 수 없게 된 것이다. 지금까지 진행된 다문화가족 지원을 위한 통상적인 정책운영 과정은 거시적이면서 직접적인 경제 지원책을 중심으로 이루어지는 경우가 많다. 하지만 이에 못지않게 중요하게 논의되어야 하는 내용은 다문화가족의 일상에서 발생하게 되는 스트레스 해소를 위한 생활환경 개선 등과 같은 정책부문이라 할 수 있다.

이런 의미에서 현재 많은 다문화국가에서 주목하고 있는 정책논의 중 하나가 다문화가족의 여가 및 문화생활 지원에 대한 연구이다. 그들의 여가 패턴 및 제약에 관한 연구는 직접적인 문화콘텐츠와 관련한 다양한 정책에도 영향을 줄 뿐 아니라, 인간의 문화생활까지 포함한 광의의 복지정책의 긍정적 실현에도 직접적인 도움을 주고 있다(고봉찬, 2010). 특히 결혼이주 후 사회소외계층으로 전환된 사람들의 미시적 생활세계라 할 수 있는 여가활동을 지원하는 문화콘텐츠에 대한 연구는 다양한 정책적 · 산업적 시사점을 제공해줄 수 있다는 측면에서 중요하다. 이제 급변하는 다문화사회의 안정적인 정착을 위해 현실성 있는 제도를 능동적으로 준비해야 하는 시점이라고 볼 수 있다.

하지만 유감스럽게도 현재 각 국가의 정부나 지방자치단체에서는 그들이 어떤 문화콘텐츠를 활용하는지, 그리고 여가활동에 어떤 방식으로 문화콘텐츠가 지원되는지에 대한 연구는 아직까지 적극적으로 이루어지지 않고 있다. 왜냐하면 사회소외계층에 대한 대부분의 정책적 고려가 직접적인 경제적 지원이나 일자리 창출과 같은 노동영역의 복지에 한정되어 이루어지는 경우가 많기 때문이다. 하지만 다문화가족을 이루는 사회구성원 역시 다양한 문화생활을 향유할 수 있는 권리가 있다는 점에서 여러 여가제약 요인들이 극복된 문화콘텐츠 활용과 관련한 논의가 진행될 필요가 있다.

예를 들어 국내의 결혼이주여성의 경우, 혼인 후 한국인 남편이 노동시장에 활동하는 동안 가정을 포함한 일상공간에서 인지되는 여러 가지 문화생활상의 소외 현상을 경험하기 쉽다. 그 과정에서 결혼이주여성들은 삶의 질 하락을 경험하게 되고, 가정 내 불화, 이웃주민들과의 괴리, 사회적 소속감의 하락 등 전형적인 아노미(anomie) 현상이 나타나기 쉽다. 국내로 입국하는 외국인 중 남성 역시 많은 수가 노동시장으로 유입되어 여러 직업군에 포함되지만, 언어 사용의 한계와 기술적 제약으로 열악한 생활환경에 노출되어 인간으로서 마땅히 확보되어야 할 문화생활을 영위하지 못하고 있다는 사실은 우리 모두가 주지하고 있는 사실이기도 하다.

궁극적으로 다문화주의의 확산은 이주민들이 경험하는 새로운 문화구조에 정착하는 일과 밀접한 관련이 있다. 세계화 시대를 맞이하여 문화접변현상이 가속화되고 있다. 즉 낯선 문화가 특정 공간으로 유입되었을 때 생기는 문화적 거리두기의 간극이 점차 짧아지고 있으며, 문화수용도 및 유연적 삶의 실현에서 비롯되는 사회적 자유도가 큰 폭으로 증가하고 있는 것이다. 다문화가족의 증가추세는 모더니즘적 문화양식이라고 할 수 있는 '노동-여가'의 이분법적 삶의 질서도 재구조화시키고 있다. 그리고 이 현상은 다변화된 개인정체성의 확대로 이어진다.

이처럼 급증하는 다문화가족이 적응하기 위한 사회화 과정과 관련하여 다문화 관련 교육제도는 한 사회에 중요한 기능적 역할을 하게 된다. 정규 교육과정은 다문화시민들이 특정 사회에 적응하기 위한 여러 가지 수단을 제공하게 된다. 사회통합적 차원에서 기존 거주민 역시 이주민의 문화에 대해서 학습할 필요가 있다. 이주민과 거주민 모두가 생활환경에서의 문화적 혼란을 줄이고, 서로를 이해하기 위해 복잡하게 다문화화된 사회의 특성을 고려하여 다양한 생활양식의 수렴을 가능하게 하는 변화된 교육과정에 참여하기 시작했다. 따라서 이 같은 사회화를 돕는 교육콘텐츠들은 사회에 기능적 역할을 하는 문화콘텐츠로서 중요한 역할을 하게 된다.

현대사회에서는 사람들 간 이해관계나 가치에 대한 상호의존과 세계 시민의식이 확산되는 과정에 있다(Robertson, 1992). 따라서 인류는 다문화 질서가 사람들을 단순하게 하나로 합친 구조의 총합이 아니라 훨씬 더 복잡한 관계망이 숨어 있다는 것을 교육받고 있다. 세계적 범주에서 발생하는 각 개인들의 정치적 · 문화적 갈등의 경우, 개인적 자유를 위한 삶의 욕구에서부터 시작하여 인류의 포괄적인 문제로 그 논의를 확대해 나갈 때 비로소 해결점이 마련될 수 있을 것이다(Robertson, 1992; Simmel, 1968). 이 같은 복합적인 문화정체성이 외현되고 있는 세계화된 사회질서는 그 본질을 논의함에 있어 세계 복합성(global complexity) 개념과 연결된다. 다변화되고 있는 세계의 복합성은 모든 사회구성원들에게 도덕적 쟁점의 수용 가능성으로 이어지게 된다(Robertson, 1989).

결국 세계에 거주하고 있는 사람들은 새롭게 체험하게 되는 문화가 그들에게 주어진 보편타당한 가치에 위배되는지, 그렇지 않은지에 대한 사고를 지속적으로 하게 된다. 이 같은 관심은 교육의 실현을 통해 가능해진다. 그리고 이 과정에서 다양한 문화콘텐츠는 다문화 이주민의 문화적 차이에서 비롯되는 갈등의 간극을 줄여주고, 세계질서 유지의 긍정적 기능을 수행할 수 있는 사회화의 매개체 역할을 수행하게 되는 것이다. 타인의 삶을 이해하기 위한 복합적인 성격의 문화콘텐츠 체험은 더 이상 선택의 문제가 아니라 함께 노력해야 하는 삶의 과정이 되었다. 그리고 시민들의 이와 같은 욕구는 사회구성원 간 갈등을 줄이기 위한 집단적 노력에 긍정적인 영향을 주고 있다.

산업구조의 변화 중 특히 다양한 문화체험을 가능하게 한 것은 미디어 기술의 발전과 그 맥락을 함께 한다. 포스트모던 사회를 맞이하여 미디어 기술에 기반을 둔 방송콘텐츠들이 본격적으로 사회에 출현하면서 더욱 다양한 문화적 산물에 대한 접속이 가능해졌다. 하지만 대부분의 문화체험들은 가상현실에서 보고 느끼는 의사이벤트(pseudo-event)로서의 문화접촉으로 이어지는 경우가 많았다. 의사이벤트는 진짜의 모습으로 자연스럽게 나타나는 콘텐츠가 아니라 어떤 인위적인 원리에 의해 가짜의 모습으로 진짜와 같은 상황을 구현하여 나타나는 문화콘텐츠 구성원리를 가리킨다(Boorstin, 1964). 매스미디어, 인터넷 공간 등에서 향유가능한 문화콘텐츠는 이 같은 특징을 바탕으로 새로운 가치, 지식, 체계 등의 개념과 구성원리를 실현시킨다.

그런데, 체험은 진짜 실제 사물 등을 보고 듣고 느낌으로써 이루어지기도 한다. 예를 들어서 가상공간의 문화적 산물과 달리 여행, 축제, 공연장, 박물관 등의 방문 등은 가짜가 아닌 진정성(authenticity) 있는 문화콘텐츠를 제공하여 사람들의 체험욕구를 만족시켜준다. 진정성이란 특정 문화콘텐츠에 대해 진짜라는 원형 그대로의 느낌을 받으면서 그 원형의 가치를 체험한 것만으로 느껴지는 끌리는 마음 상태를 말한다(MacCannell, 1976).

최근에는 지구적 공간과 문화에 대한 사회구성원의 인식변화로 인해 더욱 다양한 문화콘텐츠들이 현실의 느낌을 보존한 상태로 인공지능, 가상현실, 증강현실 등을 활용하여 사이버공간 내에서 체험형 문화콘텐츠로 표현되기도 한다. 이 같은 문화적 산물을 체험하는 과정에서 추론 가능한 문화콘텐츠의 사회적 가치는 그 문화콘텐츠를 체험하는 사람들에게 모두 다차원적으로 작용한다는 사실이다(Tomlinson, 1999). 문화콘텐츠는 시장화를 겪으면서 여러 형태로 변용되면서 세계 시민들에게 문화향유와 관련한 다양한 재화나 서비스를 제공하며, 사람들이 체험하기를 원하는 새로운 문화적 욕구를 충족시켜주고 있다(Lash et al., 1994). 따라서 이와 같은 과정을 통해 다문화시민과 기존 거주민들에게 제공되는 문화콘텐츠들은 이들이 서로 겪게 되는 이질적 · 혼융적 사회질서에 적응하기 위한 삶의 기회를 부여해주고 있다. 결국 문화콘텐츠 내에는 다문화사회에서 이질적 사회 구성원들이 함께 생존하기 위한 사회화 촉발 기제들이 다수 내포되어 있다고 할 수 있다.

이제 세계화 시대를 맞이하여 여러 가지 뉴미디어들이 정보를 전달하는 역할을 하고 있으며, 문화콘텐츠의 이동성은 인간체험의 영역을 더욱 확대시켰다. 따라서 과거 국지적인 발전이 이루어진 산업사회에서 감지되지 못했던 다문화 질서가 정례화(regularization)됨으로써 개방적 의미구조가 세계적으로 형성되는 계기가 마련되었다. 이 정례화 과정은 일상과 탈일상에서 동시적으로 나타나는 다문화적 가치의 인정이라는 문화적 구조의 구축을 가능하게 해주는 순기능을 담당하게 된다.

과거 체험 자체가 시 · 공간의 제약을 받았던 시기에는 주류문화가 아닌 여러 하위문화나 반(反)문화의 상징에 대해 사람들이 이해하기가 쉽지 않았다. 그러한 문화 텍스트의 의미를 해석할 준비가 되어있지 못했으며, 문화의 고착화 현상이 지속되면서 후일 외부문화는 더 이상 다른 사회구성원들에게는 이해될 수 없는 닫힌 텍스트로서 사회에 존재하는 경우가 많았다(유평근 외, 2001). 하지만 이제 현실에서는 국가 간, 지역 간, 기업 간 문화들이 다변적으로 연계된 다문화사회의 도래와 같은 융합된 사회구조적 상황이 만들어지고 있다. 세계화 시대를 맞이하여 이루어진 다문화콘텐츠 체험의 확산으로 소위 문화의 이종(異種) 교배를 통한 새로운 문화 통합이 가능해지고 있는 것이다(김사헌, 박세종, 2013).

2. 다문화가족의 문화적 친숙도 향상을 위한 문화콘텐츠 체험

1) 국제관광의 사회적 기능

다문화사회를 맞이하여 거주민과 유입주민 간에 나타나는 문화적 순환과정은 생활양식의 차이에서 비롯되는 '타자성'에 대한 인정을 전제로 한다. 특히 세계적인 이동성 확대에 따른 국제관광과 같은 체험은 다른 문화권에서 생활한 구성원에게 다양한 문화체험학습을 가능하게 한다. 세계화 시대를 맞이하여 그동안 분절적 형태로 유지되어 온 문화들이 서로 고유의 영역을 침범하면서 확산되고 있는 것이다. 소위 말하는 국제관광으로 외현되는 문화콘텐츠 체험은 다른 문화와의 상호작용 속에서 사회구성원 간 익숙하지 않은 거리두기의 환경적 조건을 극복할 수 있도록 도와준다. 여행을 통한 타 문화권에 대한 체험은 그 사람이 여행을 마친 후 일상의 시 · 공간으로 돌아온 뒤에 자신과 다른 사회구성원들의 입장을 이해할 수 있는 무형의 지식체계를 제공해준다. 이들은 자신들이 당연시 여겼던 존재의 의미와 조건에 의문을 품고, 자신들의 삶의 문화를 성찰하면서 다시 바라보게 되는 것이다. 이 같은 맥락에서 최근 활발하게 나타나고 있는 국제관광을 통한 유 · 무형의 문화콘텐츠 간 교호작용은 기존 주류 문화권 거주민들과 다문화가족 구성원 간 서로를 이해할 수 있는 긍정적인 영향을 미치고 있다.

이처럼 사람들은 국제관광을 통해 지금까지 몰랐던 독특한 관광콘텐츠들을 체험하게 됨으로써 나와 다른 생활양식에 대한 문화적 친숙도 향상을 기대할 수 있다. 국제적 시 · 공간에서 이루어지고 있는 여행은 탈영토화 · 탈코드화로 명명되는 포스트모던적 관계적 문화차이 확대에 많은 영향력을 행사하고 있다. 이 현상은 바람직한 다문화사회가 궁극적으로 추구하는 통합이라는 사회적 규칙과도 일맥상통한다. 사람들은 서로 다른 문화콘텐츠의 체험을 통해 이문화(異文化)권 질서에 대한 친숙도가 증가하게 되는데, 이는 비단 가시적인 특정 문화상품에만 국한되는 문제가 아니다. 다문화사회에서 의사소통한다는 의미는 모든 구성원들에게 충돌과 갈등을 줄일 수 있는 무형의 문화가 유입된다는 것을 뜻한다.

한 사회에서 일단 다문화가족이 형성되면, 기존 거주민들은 그간 경험하지 못한 탈일상적 문화를 자신의 일상에서 경험하게 된다. 이를 통해 사람들은 자아는 물론 그동안 자신이 속해 있었던 사회에 대해 끊임없는 성찰을 하기 시작한다. 이는 결국 여행을 통한 탈일상문화의 체험을 통해 관광콘텐츠가 본원적으로 추구하고자 하는 성찰적 가치를 일상에서 체험하게 된다는 것을 의미한다. 이 같은 성찰적 가치는 다(多)기호성을 근간으로 하는 다양한 소비문화에도 영향을 미친다. 이 체험형 소비문화는 개인들에게 삶에 있어서 어떤 익숙하지 않은 상황에 대한 해석의 자유를 보장해주게 된다(McGuigan, 1992).

다문화사회가 확장될수록 서로 다른 문화에 대한 해석 주체 및 객체의 의미구성이 상호작용 과정에서 신속하게 이루어져야 사회적 갈등이 일어날 수 있는 가능성이 줄어든다. 이 상호작용 과정에서 사람들은 자신만이 바라보는 문화적 관점에서 남들과 크게 다르지 않고 무난하게 적응하기 위한 의미구성을 하기 위해 노력한다. 따라서 문화콘텐츠 체험 중 국제관광은 세계화 시대에 다문화가치에 입각한 생활양식 확산에 있어서 기능적 역할을 수행한 실질적인 실천 행위라 할 수 있다. 확산된 다문화가치는 국제관광에서 체험하는 문화콘텐츠 자체와 그것의 산업화된 실체를 통해 인간에게 영향을 미쳐 서로 다른 문화에 대한 거부감을 줄어들게 만들었다.

지금까지 살펴본 바와 같이 이문화(異文化)의 체험과정을 통해 다문화가족은 안정적으로 정착하고 있다. 세계화 시대에 다문화가치의 확산을 가져온 다양한 문화콘텐츠의 체험은 포스트모던 사회의 특징과 연관이 있다. 주지하다시피 문화상대주의화는 세계적 맥락화와 성찰성의 강조에서 비롯된 포스트모더니즘의 근간이 된 사상적 배경이기도 하다. 세계화라는 거시적 사회변동을 통해 개인들은 삶에 대해 각자의 입장에서 기획을 하게 된다(Robertson & Chirico, 1985). 따라서 세계화 시대의 문화콘텐츠 소비는 결국 복잡한 사회구조에 대응하는 자기표현의 형식이 되었으며, 그 과정에서 인간 스스로 한 사회에서 생존하기 위한 다른 문화와의 전략적 제휴가 동시에 이루어진다. 결국 이동이 많아질수록 한 개인이 지닌 정체성과 새롭게 적응해야 하는 문화적 환경의 영향력이 인간에게 함께 내재하게 됨으로써 그들에게는 더 복잡한 자아상이 만들어진다(Friedman, 1990). 특히 다문화가족의 경우, 그 형성과정에서 문화정체성에 큰 혼란을 겪을 수밖에 없다. 다양한 관광콘텐츠를 통해 다른 문화를 체험할 수 있는 기회를 가지게 된다는 것은 한 사회에서 새로운 구성원들이 자신만의 정체성을 정립하고 삶의 질을 추구하는 행위에 기능적 영향을 줄 수 있다. 이 같은 행동은 지극히 개인적이면서도 사회적인 행위라고 할 수 있다.

국제관광과 같이 거시적 수준에서 타문화를 체험하는 행위는 여러 가지 삶들이 혼융되는 과정이다(김사헌 외, 2013; Pieterse, 1995). 다양한 문화체험은 포스트모던 사회의 특징인 시 · 공간 압착(time-space compression)의 본격적인 촉매제 역할을 한다(김문조, 2013; Harvey, 1989). 물론 국제관광이 각 문명권을 하나로 묶는 역할을 이행한 것은 분명하지만, 그것이 곧 선진국과 후진국의 균등한 문화적 배분과 공유를 의미하는 것은 아니다. 비대칭적(asymmetric) 문화콘텐츠 배분으로 인해 적어도 제3세계 국가들에서는 탈세계화 운동이 일어나기도 했다(Mowforth & Munt, 2008). 이처럼 세계적 수준의 문화콘텐츠의 체험과정에서도 다양한 변수들이 존재하기 마련이다.

세계화 시대에 국제관광의 가장 큰 영향력 중 하나는 사람들이 새로운 문화콘텐츠를 접하게 됨으로써 세계를 지리적 경계가 없는 단일한 공간으로 인식하게 되는 정도가 커졌다는 점일 것이다. 국제관광은 특정 문화권에서 거주하는 사람들이 자신들의 일상적 거주문화가 외부 문화와 어떤 차이가 있는지를 확인해보는 문화적 실천을 가능하게 했다. 덧붙여 상대의 문화활동을 바라보는 시선을 통해 그 대상에 대한 자신만의 가치평가 기준을 제공해준다. 그리고 바로 인간의 서로 다른 그 사회질서 자체가 중요한 문화콘텐츠가 되는 것이다. 타문화와의 상호작용 속에서 교환되는 다양한 기호, 정보, 가치 등은 세계인들이 각자의 삶의 형태를 윤리적으로 존중하게 되는 교육콘텐츠로서 가치를 부여하게 된다. 이 같은 상호작용 과정을 거치게 됨으로써 세계 곳곳에서 생활하고 있는 다문화 구성원들이 삶의 변화에 유연하게 대처할 수 있는 계기가 마련되었다.

하나의 집단문화가 형성되었다는 것은 문화코드를 해석하는 과정에서 지속적인 역사적 영향을 받은 사회구성원들의 직관이 고착화되는 현상을 의미한다. 그 고유성을 지닌 문화적 실체는 물질적인 것일 수도 있고, 탈물질적인 것일 수도 있다(유평근 외, 2001). 최근 들어서 문화코드를 둘러싼 문화콘텐츠의 해석 주체와 객체는 이원적 분리 관계에서 벗어나 서로가 서로에게 영향을 주고 있다. 어떤 하나의 문화콘텐츠에 내재된 의미에 대해서 다수의 사람들이 함께 참여하여 다양한 의견을 내면서 주류문화의 다원화 현상이 나타나고 있다. 문화콘텐츠는 그 과정에서 중요한 인간 인식의 매개체 역할을 담당하게 된다.

요컨대 서로 다른 국가 간 이동을 통해 겪게 되는 문화콘텐츠 체험의 사회적 기능은 빠른 속도로 확대되고 있는 다문화사회에 존재하는 인간 문화의 다양성을 인정할 수 있는 여지를 충분히 준 것이다. 사람들은 문화적 혼융현상 속에서 자신의 외부에 있는 문화콘텐츠 텍스트에 대한 변화된 문화코드를 해석하여 이를 새로운 함축적 의미체계로 만들고 있다(김문조, 2013).

2) 다문화 교육콘텐츠의 사회통합적 역할

본격적인 다문화사회로의 전환시대를 맞이하여 다문화를 수용하고자 하는 사회구조적 질서에 대해서 사람들의 관심이 증가하고 있다. 다문화사회에서의 이주민에 대해서 기존 거주민들이 가지고 있는 여러 가지 편견을 해소하고 다문화 수용성을 높이기 위해서 최근 들어 다양한 미디어를 통해 지속적으로 공급되는 다문화 교육콘텐츠가 만들어지고 있다. 뉴미디어를 통해 공급되는 방송콘텐츠에 담겨 있는 직접적 · 간접적 교육 내용은 기존 사회구성원들의 문화 수용성을 증진시킴과 동시에 다문화에 대한 긍정적 인식을 제고하는데 도움을 줄 수 있다. 여기서 말하는 다문화 수용성이란 다민족 · 다인종 사회로의 변화를 긍정적인 것으로 받아들이고 다양한 민족 · 인종의 공존이라는 사회적 가치를 지지하는 태도를 일컫는 말이다(윤인진, 송영호, 2011; 황정미, 김이선, 이명진, 최현, 이동주, 2007).

다문화주의 사회를 맞이하여 이주노동자를 위한 미디어 교육 역시 활발하게 진행되고 있다. 이주노동자의 불안정한 정체성을 바르게 정립시켜주기 위한 교육콘텐츠들이 개발되고, 뉴미디어를 통해 보급되고 있다. 정부 · 기업이 직접 개발 · 보급하기도 하고, 후원을 받은 전문가 집단이 포함된 시민단체가 미디어교육을 실시하기도 한다(강진숙, 이은비, 2010). 이 같은 다문화 교육시스템은 다문화가족을 구성하고 있는 사람들에게 주체적 존재로서의 정체성을 확립할 수 있는 기회를 열어준다는 점에서 중요한 체험과정이라고 볼 수 있다.

그 뿐만 아니라 결혼이주 다문화가족이 겪게 되는 가장 중요한 의사소통의 어려움을 극복하기 위한 언어교육콘텐츠도 다양하게 개발되고 있다(전한성, 민정호, 2016). 각 프로그램은 단순히 언어만을 가르쳐주는 것이 아니라 정착해서 생활하게 되는 해당 지역의 전반적인 생활문화를 이해하기 위한 총체적인 문화콘텐츠를 담고 있다. 언어를 통한 의사소통의 본질은 문화에 대한 이해를 바탕으로 이루어지기 때문이다.

또한 중장기적으로 그러한 다문화가족을 교육하기 위한 교수자, 교육자를 위한 교육콘텐츠도 개발하고 이를 운영하기 시작하고 있다(안병환, 2009). 다문화가족 구성원을 교육하기 위한 주요 내용인 문화적 감수성과 관용성, 서로 다른 문화적 판단에서 비롯되는 의사소통의 맥락, 차이에 대한 서로 심리적 반응 등은 교육자가 반드시 체화시켜야 할 문화적 항목이라고 할 수 있다. 다문화가족의 특성을 고려한 이와 같은 사안들을 체계적으로 학습할 수 있는 교수자용 교육콘텐츠가 개발되고 있으며, 그 교육 담당자에 의해서 다문화가족들 역시 사회에 적응하기 위해서 필요한 교육을 받게 되는 선순환 과정이 이루어지고 있다.

현재 다문화가족의 안정적인 사회 정착을 위해서 정부, 기업, 시민사회가 함께 협치 구조를 이루면서 문화콘텐츠를 개발, 유통, 보급하고 있다. 그리고 다문화가족을 이룬 새로운 이주민들은 그 교육체계에 포함되어 사회화 과정을 겪고 있다. 추후 지속적으로 확대될 다문화 교육콘텐츠는 사회통합적 차원에서 현대사회에 중요한 역할을 수행하고 있다. 또한 4차 산업혁명 시대를 맞이하여 급속도로 발전한 미디어 기술은 기능적 촉매제로 작용하고 있다. 문화콘텐츠의 공공적 기능에 대한 논의를 하는데 있어서 다문화 콘텐츠는 적절한 사례가 될 것이다.

3. 다문화가족의 생활 적응과 문화콘텐츠 체험의 기능

본격적인 세계화 시대에 한 지역의 문화가 다른 지역으로 원활하게 전파되기 위해서는 문화적 유사성이 있어야 한다 (Schmitt & Van Biesebroeck, 2013). 이 문화적 유사성은 다양한 문화교류에 의한 문화적 근접성과 활발한 문화산업 교류를 통해 확산된다(김진옥, 김남조, 정철, 2014). 최근의 세계화된 포스트모던 문화의 확산은 사회구성원들이 새로운 문화에 대한 저항이 적은 상태에서 그 전파된 문화를 체험할 수 있는 계기를 마련해주고 있다. 모든 문화전파 과정에서는 문화적 할인(cultural discount)이라는 것이 존재한다. 문화적 할인이란 한 지역에서 제작된 문화콘텐츠 산물이 다른 지역에서 수용될 때 지역 간 문화적 차이로 인해 그 문화를 접하는 사람들이 쉽게 동일시하기 어려운 부분을 중심으로 생기는 문화적 수용장벽을 의미한다. 그 문화적 할인은 주로 문화콘텐츠 상품이 다른 문화권으로 유입될 때 언어, 관습, 종교 등의 문화차이로 생기게 된다. 하지만 최근 세계적으로 다양한 온라인 의사소통 체계가 등장하면서 그 문화적 할인의 정도는 낮아지고 있는 추세이다. 특히 시각 정보를 중심으로 한 영상문화콘텐츠를 통한 상호교류가 활발해지면서 이 같은 현상은 두드러지고 있다.

세계화의 사회적 맥락에서 최근 새롭게 이주한 다문화가족은 새로운 생활공간문화에 적응하기 위해서 여러 가지 노력을 하게 된다. 문화적응은 다른 문화와 지속적으로 접속하면서 문화적 성향이 이동한 지역에 맞게 변화하는 과정을 의미한다. 이 과정에서 사람들은 심리적 · 사회문화적으로 서로 다른 문화적 차이를 수용하면서 새로운 변화에 적응해 나가게 된다(Berry, 2003). 문화적응의 단계는 보통 세 가지 단계로 나뉜다. 첫째, 서로 다른 문화와 접촉하는 단계, 둘째, 서로 다른 문화와 기존 문화적 인식이 충돌하는 갈등단계, 셋째, 문화적응의 동화 · 분리 · 통합 · 주변화 과정 중 하나를 선택하는 단계이다(Berry & Sam, 1997). 사회문제로 표면화되는 상황은 두 번째 갈등단계에서 새로운 문화배경을 가진 유입인구가 이주한 새로운 문화에 적응하지 못하고 낙오될 때 주로 발생한다. 다문화가족의 구성원들이 이주 후 적응하지 못하고 일탈행동을 하거나 다시 본국으로 돌아가는 것은 이 같은 이유에서이다.

이제 다문화가족을 구성하게 되는 이주민들이 이동한 이주지역에서 자신들의 삶의 만족을 얻도록 하기 위한 다양한 정책적 · 산업적 지원들이 중요해지고 있다. 특히 생계를 위한 노동영역에서의 지원뿐만 아니라 사적 영역이라고 할 수 있는 여가활동의 실태와 만족도를 고찰해보는 것이 필요하다. 이는 문화세계화 시대에 한 사회를 구성하는 타문화민족의 삶에 대한 적응기제를 함께 고민한다는 측면에서 중요한 논의 내용이라 할 수 있다. 여가활동 과정에서 체험하게 되는 다양한 문화콘텐츠는 삶의 중요한 생활양식 중 하나로 작용할 수 있다. 새롭게 다문화가족을 구성하는 이주민들이 문화콘텐츠 체험에서 현실적으로 부딪치게 되는 제약문제는 전통적인 여가활동에 대한 연구뿐만 아니라 가족, 사회복지, 젠더(gender) 등의 연구가 결합된 융복합적 논의를 함께 진행해야 하는 연구영역이다. 이 주제에 덧붙여 여가기회, 여가유형, 여가만족, 사회적 지원 등에 대한 학술 논의들이 함께 진행되고 있다(Aitchison, 2001; Henderson, 1994; Shaw, 1994). 다문화가족의 여가활동에 대한 연구는 소수문화계층의 삶에서 비롯되는 소외는 물론, 여가 불평등 현상과도 관련이 있다. 사회적 배제 기제로서 여러 가지 여가제약 요인들은 이주한 다문화가족 구성원들의 여가활동 참여 및 만족도에 부정적인 영향을 미칠 수 있다. 따라서 그들의 삶의 만족도를 높이기 위해서는 여가활동 참여를 원활하게 할 수 있는 정책적 · 산업적 지원이 필요하며, 그 매개체의 역할을 하는 것이 다양한 문화콘텐츠라고 할 수 있는 것이다.

이처럼 다양한 문화콘텐츠의 개발 및 보급은 특정 지역에 거주하는 사회구성원 간 의사소통이 진행되는 과정에서의 교류양식에 변화를 가져올 수 있다. 소위 포스트모던 사회에서 나타나는 문화적 특징이라고 할 수 있는 복합적인 문화접변(acculturation) 현상으로 그동안 기존 거주민을 중심으로 삶의 영역에서 형성되었던 시 · 공간의 가치가 이주민도 함께 고려하는 윤리적 개념이 포함된 상태로 재조직화되는 계기가 마련되었다. 문화접변 현상은 새로운 문화의 요구에 적응하기 위해 이주지역의 행동양식을 채택하는 과정에서 발생한다(Lonner & Berry, 1986). 따라서 사람들은 기존 문화와 새로운 문화의 양쪽에서 끊임없는 통합적 수정을 추구할 수밖에 없는 상황에 직면하게 된다(Buriel, 1993). 최근 이주민들의 적응을 돕기 위해서 이주한 지역의 문화인 언어, 풍습 등을 가르쳐주는 교육콘텐츠가 많이 나오고 있는 것도 문화적응을 돕기 위한 사회적 지원의 한 부분이라고 할 수 있다.

새롭게 유입된 사회구성원은 지금까지 살아온 생활세계와는 다른 시 · 공간에서 살게 됨으로써 새로운 시 · 공간의 향유 문화를 재편성하게 되었고, 그 문화로부터 다시 복합적인 의미부여를 하게 된다. 이제 내 · 외집단의 구분에 상관없이 모든 사회구성원들은 자신에게 고착된 기존 문화의 '의미 비우기'를 강화해야 하는 상황에 이르게 된 것이다(Lash et al., 1994). 이런 의미에서 다문화가족을 이룬 이주민들에게는 일상적 문화콘텐츠의 향유는 곧 실존적 삶의 질 향상을 의미한다. 특히 이주 전과 후에 이루어지는 문화콘텐츠 체험활동을 통해 일상과 탈일상적 생활양식의 차이를 경험하고, 이에 매력을 느끼게 된다. 이주한 다문화가족 구성원들은 사회 환경적 차이가 내재되어 있는 문화콘텐츠를 일부 먼저 체험하게 됨으로써 사회에 적응할 수 있는 역량을 함양할 수 있는 기회를 얻게 된다.

4. 다문화사회로의 전환과 포스트모더니즘에 기반을 둔 문화콘텐츠산업 변화

최근의 문화콘텐츠는 새로운 지식과 정보의 생산 및 소비 메커니즘을 형성함으로써 그 내부에서 파생된 다양한 상징과 기호의 생산이 가능해졌다(Amin, 1994; Harvey, 1989). 차별화된 문화콘텐츠 상품의 브랜드 전략은 기업운영의 성패를 좌우하는 중요한 기능으로 작용하게 되었다. 이 과정에서 문화동형화 및 동질화 과정을 통해 공통된 가치를 추구하는 문화콘텐츠에 대한 관심 역시 높아지고 있다. 그 대표적인 예가 '효율성(efficiency), 예측가능성(predictability), 계산가능성(calculability), 통제(control)' 라는 구체적인 모습으로 구현되는 맥도날드화(McDonaldization) 현상이다(Ritzer, 2007).

'효율성'은 기업이 어떤 목표를 달성하기 위해서 가장 최적의 방법을 찾는 방향으로 움직인다는 개념이며, '예측가능성' 은 기업이 표준화되고 획일화된 서비스를 통해서 반복적인 정형화된 상품 및 서비스 제공이 진행됨을 의미한다. '계산가능성' 은 어떤 유 · 무형의 문화적 산물에 대한 가치를 평가할 때 주관적인 요소는 배제하고, 판매량과 같이 철저하게 객관적인 요소로 이루어짐을 의미하며, '통제' 는 표준화되고 획일화된 인간 활동이 기술에 의해서 대체되고 있음을 언급하고 있다. 요컨대 마치 패스트푸드점 시스템이 운영되듯이 문화산업의 방향성이 자본축적에 유리한 방향으로 합리화 원칙에 의해서 움직이고 있음을 논의한 내용이라고 할 수 있다(Ritzer, 2007).

맥도날드화를 추구하는 다국적 · 초국적 기업은 시장의 효율성을 근간으로 금융자본의 세계화 확산 효과 역시 초래되었다. 더불어 많은 국가와 기업들이 무형의 문화자산에 대해 관심을 가지면서 자국(自國) 또는 자사(自社) 소비상품의 문화브랜드 차별전략을 통해 마케팅 과정을 체계화하기 시작했다. 최근의 문화콘텐츠와 관련한 다국적 · 초국적 프랜차이즈 기업의 시장규모 확장 역시 이 같은 맥락에서 해석 가능하다(이한숙, 2014). 문화의 세계화 현상에서 나타나는 환경변화로 인해 세계시장을 관통하는 다국적 기업경영 현상이 야기되었고, 해외시장의 진입장벽을 넘기 위한 다양한 전략경영의 필요성과 중요성 역시 제시되고 있다(이진, 2014). 세계 인구의 다문화적 구성은 이 같은 포스트모더니즘적 문화콘텐츠산업 변화와 서로 영향을 주고받으며 더욱 확산되고 있다. 이질적 문화에 대한 적응 환경의 확장과 문화동형화 및 동질화 현상이 함께 진행되고 있는 것이다.

이 같은 복합적 문화연계현상으로서 성찰적 · 포스트모던적 문화 기제들의 축적 현상의 전형을 보여주는 산업 중 하나가 바로 다양한 문화콘텐츠산업인 것이다. 행위자의 복잡다단한 기호 및 체험문화지식 축적을 가져오는 다양한 문화콘텐츠 산업군은 포스트포디즘적 유연생산체제이자 인간의 성찰적 감성영역을 자극하는 소비산업으로 주목받고 있다. 여러 가지 문화콘텐츠산업을 체험하는 과정의 주요 원리는 일상적 생활에서 탈피하여 탈일상적 시 · 공간으로의 이동 후, 다시 일상으로 회귀하는 삶의 근원적 순환과정을 가정하는 것이다. 현재 일상생활을 탈피하여 체험을 하고자 하는 사람들의 문화콘텐츠에 대한 시장적 관심이 높아지고 있는 상황이다. 게임, 영화감상, 여행 등 다양한 문화콘텐츠산업이 이와 같은 일상성의 탈피와 복귀를 전제로 한다. 최근 들어서는 학자들이 이 같은 일상성-탈일상성 환경 변화에 적응하지 못하는 부적응 상태를 병리적 현상으로 보고 적절한 치유 · 치료 방법을 연구하기도 한다.

세계화 시대를 살아가는 다문화가족 구성원들은 익숙하지 않은 문화를 체험하게 되고, 이에 적응하게 하기 위한 활동을 유도

하는 것은 포스트모던 사회에서 중요한 적응전략이 되었다. 현대사회의 문화에는 과거 산업사회에서부터 지속되어 온 근대성보다 더 급진화된 근대성(radicalized modernity) 개념이 내재해 있을 수도 있고(Giddens, 1991), 결국 이 의미는 다층적 포스트모던 사회로의 전환을 의미하기도 한다. 만약 어떤 국가가 단일민족국가로서 오랜 역사 속에서 존재했었다면 다문화사회의 확산 역시 이 같은 맥락에서 기존 사회구성원들이 느끼는 큰 문화충격 중 하나임에 틀림없다.

지금까지 살펴본 바와 같이 다문화사회로의 전환으로 상술한 문화콘텐츠산업 부분에서의 변화들이 강하게 추동되었다. 근대를 지배한 인간상에서는 사람을 이성적 사유의 주체로서 바라보았다. 그 판단의 근거는 주류문화에 입각한 위계적 규정에 의한 것이기도 했다. 하지만 포스트모던 시대의 사회구성원은 개별성에 입각한 각 개체 모두가 다양한 사유 및 인식의 주체라 할 수 있다. 이 같은 변화상은 과거 산업사회를 주도했던 포드주의적 생산체계에서 벗어나 포스트모던 사회로 진입하면서 나타난 현상이라 할 수 있다.

지금까지 살펴본 바와 같이 포스트모더니즘에 기반을 둔 문화콘텐츠산업의 변화과정은 다문화사회로의 전환기를 맞이하여 혼융적 삶을 살아가는 사회구성원들에게 새로운 의미를 부여해주는 촉매제 역할을 담당하고 있다. 인간 생활 전반에 걸친 탈물질적 변화는 산업부문에서 조차 기존 문화에 대한 성찰적 기획을 유발시켰다.

다문화사회에서 개인의 행동은 집단구성원들 간 의식의 교호작용을 통해 형성될 수 있다. 이 과정은 포스트모던 사회에서의 의사소통 원리와도 밀접한 관련을 맺고 있다. 포스트모던 사회에서 인간의 사유 방식은 한 사회의 문화 텍스트를 해석하는 과정에서 잘 드러난다. 다문화사회에서의 다원적 문화콘텐츠 산업화 과정에는 나와 완전히 다른 문화권에서 생활한 타자에 대한 단선적인 문화 수용을 넘어 서로 다른 문화코드의 의미를 재창조하는 의식 과정이 숨어있다. 본격적인 다문화사회에서 사람들이 자신이 포함된 주류문화권으로부터 배제되어 차별받는 하위문화까지 관심을 가지게 된 것은 사회구성원으로서 자신의 실존문제에 대한 성찰적 사유체계의 긍정적 변화라고 볼 수 있다 (Simmel, 1968).

따라서 다문화사회로의 전환 시대를 맞이하여 포스트모더니즘에 기반을 둔 문화콘텐츠 산업화 현상은 자본축적이라는 모더니즘적 가치 이외에도 차이를 인정하는 포용적 인성을 구성하는 긍정적인 기능을 이행하고 있다고 볼 수 있다. 한 사회의 거시적인 문화가 급속하게 변화하게 되면, 정부 역시 내 · 외부적으로 기능을 유지하기 위해 산업군의 시장 확장과 함께 이를 조화롭게 관리 · 통제할 수 있는 정책적 지원을 마련하게 된다. 이 과정에서 다문화가족은 이 같은 사회적 흐름에 따라 정책적 지원을 받기도 한다. 먼저 국가는 세계화 시대에 발맞춰 이들을 어떻게 수용하고 동화시킬 것인지를 구체적으로 고민해야 한다. 다문화사회에서 보여지는 타자성에 대한 인식은 궁극적으로 개별 사회구성원 정체성의 특수성을 인정해주는 것이며, 여러 가지 문화콘텐츠들은 그 특수성을 인정하는 차이의 윤리에 대해 긍정적인 심리적 변화를 가져다주는 동인으로 작용할 수 있다.

다른 문화의 기호체계를 해석할 때, 인식 주체는 과거 오랜 기간 사회화 과정을 통해 내재화되어 있는 문화에 의존하게 된다. 하지만 여러 가지 문화콘텐츠 체험을 통해 자연스럽게 발생하는 문화접변 현상으로 말미암아 상대 문화텍스트에 담긴 가치, 의미 등을 포용함으로써 서로의 인식 지평을 융합할 수 있는 능력을 함양하게 된다. 그리고 일단 융합된 텍스트는 텍스트 주체와 객체 간 새로운 인식체계의 발현을 돕는다. 이는 다문화사회에서 문화콘텐츠 체험을 통해 촉진될 수 있다.

문화콘텐츠의 산업화 과정으로 인해 다채로운 체험문화에 접근하게 되는 다문화가족 구성원들은 다문화사회의 새로운 융합형 사회질서를 체화할 수 있게 된다. 이 사회질서의 원리는 서로 다른 분화된 문화에 노출되었던 사람들이 창조적 문화융합 과정을 추구할 수 있게 됨을 의미한다. 한 사회에서 다문화시민들의 생활방식이 안정적으로 정착하려면 그 사회의 주류문화가 정착된 만큼의 긴 시간이 소요될 수도 있다. 왜냐하면 사회구성원들의 성찰적 공감대가 형성되기까지 인식체계 변화에 시간이 필요하기 때문이다. 그런데, 최근 활발하게 확장되고 있는 뉴미디어를 통한 문화콘텐츠의 개발, 유통, 소비로 인해 그 시간적 간극이 줄어들고 있는 것이다. 다문화사회에서 큰 가치로 인식되고 있는 공통된 상징의 교환은 이와 같은 문화콘텐츠 체험을 통해 그간 잘 몰랐던 타문화 체계에 대한 체험 및 교육 과정으로 완성될 수 있다.

이처럼 다문화사회에서 문화콘텐츠 체험의 가치로 인해 세계시민사회의 성립이 더욱 가속화 되었다(Wapner, 1997). 그리고 세계시민사회에서의 공유가치는 다문화 질서의 자연스러운 정례화 과정을 통해 활발하게 전개되었다고 볼 수 있다. 세계화 시대의 다문화사회가 도래함으로써 각 지역 구성원들의 다양한 방식의 의사소통 행위를 통해 한 국가 또는 지역에 존재하며 고착화 되어버린 특유의 주관적 관념들을 점차 희석시키는데 일조하고 있다. 새롭게 개발되고 있는 문화콘텐츠들은 세계적 맥락에서 서로 다른 타인을 인정해주는 차이의 윤리에 대한 문화코드를 사람들에게 심어주고 있다. 그리고 자연스럽게 사람들에게 사회질서에 대한 관용도를 높여주었다. 결국 타자와 함께 살아가는 생활공동체의 구성원으로서 특정 공간에 존재하는 사회가 지닌 공유의 가치가 실현되고 있다.

최근 다문화 관련 연구자들 사이에서는 문화콘텐츠의 체험 원리와 관련한 담론, 실천, 제도에 대한 논의가 활발하게 진행되고 있다. 포스트모던 사회를 맞이하여 여가문화콘텐츠의 손쉬운 체험에 대해서 시장과 자본축적 메커니즘으로만 해석할 것이 아니라 이문화(異文化)적 상호작용 질서로도 해석할 수 있어야 한다. 다양한 문화콘텐츠 서비스의 활성화, 새로운 이미지 구축을 위한 문화활동, 문화콘텐츠상품의 브랜드 전략 및 홍보활동 등의 강화는 문화교류 가치를 실현하는 과정에서 외현된 문화콘텐츠

산업의 기능이라고 할 수도 있다(김민철, 최용복, 부창산, 2014). 그리고 다문화사회에서의 다양한 문화콘텐츠를 둘러싼 성찰적 사고는 포스트모던 사회에서 반드시 요구되는 융합적 의미의 해석 과정인 것이다.

09

성찰적 여가향유수단으로서의 문화콘텐츠

포스트모던
시 대 의
문화콘텐츠와
체 험 문 화

9장

성찰적 여가향유수단으로서의 문화콘텐츠

1. 문화콘텐츠 향유의 가치

문화콘텐츠를 둘러싼 시 · 공간 영역의 시장화 · 상품화 현상으로 인간의 창조적 행위는 더욱 촉발되었으며, 새로운 산업 수요를 확산시켰다. 또한 물질적 풍요 속에서 사람들은 여가시설이나 엔터테인먼트 자원 등과 같은 삶의 질과 관련된 사회적 자원에 관심을 갖기 시작했다. 이 과정에서 문화는 점차 산업과 결부되어 갔다(최연구, 2006). 우리가 이제는 흔히 사용하는 문화기술(Culture Technology: CT)이라는 용어에서 알 수 있듯이 문화콘텐츠를 창조하고 소비할 수 있도록 돕는 기술은 이 시대를 새롭게 구성하는데 반드시 필요한 요소가 되었다. 문화기술은 문화와 과학의 결합을 통한 가치창출의 수단이자 사회문화와의 연계성에 기반을 둔 새롭게 명명되고 있는 개념이라 할 수 있다. 그리고 이제 문화콘텐츠는 산업혁명과 정보혁명의 시기를 거치면서 물질적으로 제조된 기술적 축적물 등의 하드웨어(hardware) 영역과 감성, 예술 등의 내재적 내용이라 할 수 있는 소프트웨어(software) 영역의 결합에 의해 융합적 성격의 4차 산업혁명기에 놓여있다.

이처럼 사회구성원들에게 다양한 문화콘텐츠 형태로 나타나고 있는 소비문화는 산업 논리에 의해 그 상품화 속도가 빠르게 진행되고 있다. 문화콘텐츠의 상품화 현상은 1인 미디어를 통해 한 개인에게서 이루어지는 생산과정부터 기업과 같은 거대한 자본영역의 생산과정에 이르기까지 다양한 형태로 나타나고 있다. 문화콘텐츠 상품화 과정은 다채로운 문화적 산물들을 상품화 시키기 위한 자원으로서 구매하는 과정, 이 문화요소가 전환되는 과정, 상품 · 용역 · 경험 등이 소비자에게 대상화되어 포장 · 판매되는 과정으로 그 산업화의 범주가 확대되고 있다. 한편 이 같은 일련의 과정에서 자본의 투자대상이 되는 문화콘텐츠는 그 활동영역에 있어서 다양성이 단일성으로 대체되는 체험의 평준화 역시 함께 발생하기도 한다(Rojek, 2000). 많은 이윤을 창출하기 위해 표준화된 문화콘텐츠 상품을 생산하기 때문에 나타나는 현상이다. 동형화된 산업적 여가시설과 콘텐츠의 확산 현상은 대기업 중심으로 이루어지는 규모의 경제가 작용했기 때문이다.

본격적인 포스트모던 사회를 맞이하여 문화콘텐츠는 한 시대의 거대한 변화상을 나타내는 대표적인 사회적 산물로 떠오르고 있다. 문화콘텐츠를 둘러싼 문화와 자본의 결합은 여러 가지 의미를 내포하고 있다. 문화콘텐츠는 사람들이 체험지향적 여가활동을 펼칠 수 있도록 도와주고 있다. 또한 사람들이 체험으로 얻게 되는 심리적 효용성이 나타나는 최종경로로서 온-오프라인 상의 다양한 유·무형의 문화콘텐츠 재화 및 서비스 소비를 지향한다.

이 같은 일련의 경로들은 문화콘텐츠의 생산 및 유통을 담당하고 있는 사회구성원들이 추구하는 마케팅으로 다양하게 확산되고 있다. 이제 문화콘텐츠 상품·서비스의 선택에 있어서 개인의 계층적 위치뿐만 아니라 취향, 사회적 가치, 생활양식이 다양하게 반영되고 있다. 본질적으로 문화콘텐츠의 소비활동의 원리는 가시적인 재화를 인간이 단순하게 선택·구매해서 사용하는 것을 넘어서 깊은 사고를 통해 구현되는 상상적 쾌락(imaginative pleasure) 추구의 결과물로도 구현된다. 인간은 자신이 향유할 문화콘텐츠 상품에 대해서 각자 다양한 심리적 욕구에 최대한 부합할 수 있는 방향으로 구매하게 되는 것이다(Campbell, 1995). 즉 문화콘텐츠 소비는 인간의 정신적·육체적 즐거움을 모두 추구하는 방향으로 이루어진다.

지금까지 살펴본 바와 같이 문화콘텐츠는 자본의 시장화에 따른 산업화의 길을 걷고 있다. 따라서 인간의 성찰적 사고를 기반으로 한 주체적인 향유 과정이 더욱 중요해지고 있다. 지금까지 여러 사회과학적 연구에서는 미시적 행위자인 인간과 거시적 구조인 사회의 교호작용 과정에서 나타나는 인간의 인지적 성찰의 개념을 통해 연구가 진행되어 왔다. 최근 포스트모던 사회에서는 그러한 이성적 사고에서 비롯되는 성찰성의 개념을 넘어 심미적 성찰성 개념까지 연구되고 있다. 래쉬와 어리(S. Lash & J. Urry)에 따르면 인지적 성찰성은 계몽주의적 현대성의 전통을 지닌 합리주의적 가정에 뿌리를 두고 있는데 반해, 심미적 성찰성은 자기해석과 함께 사회적 관행에 대한 해석을 수반한다(Lash & Urry, 1998). 그리고 심미적 성찰성은 자아정체성 또는 세계 내 위치한 인간 존재 의미에 대한 명확한 자기 지각을 추구한다. 이처럼 인간에게 필요한 심미적 성찰성이 강조되고 있는 현상은 변화하는 포스트모던 질서의 사회구조 체계와 밀접한 관련이 있다. 요컨대 소비행위의 목적이 쾌락적 목적으로 이루어지는지 또는 철학적 사유(思惟)의 목적으로 진행되는지 여부와 관계없이 결국 성찰적 소비기제로서의 문화콘텐츠에 내재된 가치는 이제 사회구성원들에게 분명하게 인식되고 있음을 알 수 있다.

2. 융합적 문화콘텐츠를 통한 성찰적 여가체험

앞으로도 사람들은 친숙하면서도 새로운 문화콘텐츠의 체험을 갈망할 것이다. 문화콘텐츠 서비스를 향유하는 과정에서 사람들은 일상적 노동생활에서 실제로 겪어보지 못한 현상에 대한 체험을 할 수 있을 것이라 생각하게 되었다. 이 같은 사회현상에 발맞추어 학계에서는 현대 사회구성원들의 다양한 욕구를 충족시키기 위해서 필요한 즐거움과 쾌락의 경제에 대한 연구가 진행되고 있다. 과거 전통사회와 산업화 사회를 거치면서 문명화 과정과 결부된 각종 사회적 제약과 감정 통제의 기준은 물리적 힘의 합법적 사용을 독점한 지배계급에 의해 생긴 의도하지 않았던 결과였다(Elias, 1978a, 1978b; Rojek, 2000). 하지만 본격적인 포스트모던 사회의 진입을 통해 인간은 사회 환경 내에서 다양한 매체기술의 영향을 받게 된다. 인간의 자유로운 문화적 삶을 추구하는 통로가 확대되었음을 의미한다. 사람들은 온-오프라인에서 연계적으로 체험하게 되는 다면적이고 역동적인 쾌락적 관계에서부터 새로운 문화콘텐츠 산업군을 창출하고 있다.

이제 다양한 문화콘텐츠 자원군을 통해 체험적 본질에 다가갈 수 있는 수단이 마련되었다. 자본은 이를 철저히 활용하여 체험소비라는 새로운 문화콘텐츠 소비 유형을 창출해냈다. 이러한 맥락에서 볼 때 문화콘텐츠산업은 자본이 시 · 공간을 이용하여 사회구성원들의 체험 욕구를 시장화한 형태라고 할 수 있다. 즉 문화의 상품화는 전형적인 자본주의의 사회구조가 가진 합리화(rationalization) 과정의 결과인 것이다(Graburn, 1983). 이 과정은 물리적 자본 투입을 효과적으로 시도하여 욕구 만족을 가져오는 문화콘텐츠 산출물을 최대한 얻으려는 시도이다. 이제 온라인 매체를 매개로 활용되는 문화콘텐츠를 통해 사람들의 삶의 개별적인 요소들을 총체적 체험문화상품의 형태로 합리적으로 통합할 수 있다. 요즘도 수많은 문화콘텐츠들이 생산 · 유통 · 공급되고 있다. 시장에서는 사전에 다른 사람보다 먼저 소비하기를 원하는 소비자들을 대상으로 일정 정도의 문화콘텐츠 내용을 소량으로 직접 제공하여 한정적으로 소비할 수 있게 만든 시스템을 동원하기도 한다. 왜냐하면 문화콘텐츠 소비의 가장 큰 위험요소이기도 한 생산물 판매의 불확실성의 문제를 줄이기 위함이다.

한편 문화콘텐츠 시장에서는 대량생산 · 대량소비 과정을 거치면서 표준화되는 과정에 더하여 개별화 · 다양화 과정을 통한 융합적 생산 · 소비 현상이 동시에 이루어지고 있다. 문화콘텐츠는 시 · 공간을 도구로 자본에 의한 합리화 과정을 통해 이미 양화(quantification)의 길을 걷고 있는 것이다. 문화콘텐츠 소비자들의 경험문화에 대한 과학적 관리가 가능해진 것도 결국 자본의 논리 때문인 것이다.

이제 본격적인 정보사회가 도래한 현 시점에서 급속도로 추진된 시간-공간의 압축현상으로 데이터 접속과 관련한 정보획득의 이동속도가 증가하고 이동거리는 줄어들었다. 한편으로 그 과정에서 문화적 · 개인적 영역은 물론 경제적 · 사회적 생활영역의 여유 있는 삶이 줄어들고 있다. 그래서 사람들은 자신만의 구별된 생활공간, 특히 증대하는 자신만의 성찰성 공간을 확보하기 위해 노력하고 있다. 축적 과정은 경제적인 영역이지만, 성찰성의 내재화 과정은 문화적인 영역인 것이다. 사회구성원들은 경제적 과정과 상징적 과정의 상호교환적이고 포괄적인 하나의 접점을 찾고 싶어 한다. 축적과 성찰성의 질서를 융합할 수 있는 경제와 문화 간 경계의 결합이 문화콘텐츠산업을 통해 이루어지고 있는 것이다.

이처럼 현대사회에서의 문화콘텐츠를 통한 의미구조의 상징 공유는 현대인들의 정체성 구성에 있어 중요한 역할을 한다. 다시 말해 문화콘텐츠산업 범주들은 인간의 성찰적 사고와 실천에 의해서 끊임없이 실체화되며, 세계는 구성원들의 사고에 의해서 끊임없이 새로운 형태와 가치로 구성된다. 새로운 문화콘텐츠의 재화나 서비스는 문화를 통해 특정화된 범주들을 다시 차이, 구별의 형태로 코드(code)화함으로써 사회구성원 스스로 그 범주들을 인식하도록 만든다. 요컨대 이 같은 현상은 문화콘텐츠가 성찰적 커뮤니케이션 수단으로서 재탄생하고 있음을 의미한다.

문화콘텐츠의 생산 및 소비 질서는 문화질서를 실체화하는데 도움을 준다. 여기서 문화는 사람들이 행위의 전략들을 구성해내는 습관과 기술, 그리고 스타일(style)의 도구상자와 같은 수단을 제공하는 매개체의 형성에 도움을 주어 사회구성원 행위에 영향을 미친다(Kane, 1996). 문화와 사회구성원 간 상호작용의 질서를 이해하기 위한 예를 들어보자. 사회구성원들이 상징적 행위를 선택함에 있어서 '기회구조'의 확실성 또는 불확실성이 이들의 선택에 결정적인 역할을 한다. 하지만 그러한 기회구조에 더하여 어떤 시기와 장소에 다른 누군가 이용할 수 있는 것보다 향유할 수 있는 도구들이 더 많은 사람들은 '주체적 선택'을 하게 된다. 즉 이 상반되는 두 가지 삶의 영역인 기회구조의 문화와 인간의 주체적 행위는 상호간에 긴밀한 의사소통을 한다고 볼 수 있다. 문화콘텐츠 자체와 이를 향유하는 소비자의 관계 역시 이러한 상호 간 영향을 주고받는 구조로 설명이 가능하다. 문화콘텐츠는 사람들의 문화에 혁신적인 조작을 가하는 개방적인 문화코드이며 가변적인 인간 심리를 반영한 문화 현상이기도 한 것이다.

이처럼 인간의 성찰적 여가향유 수단으로 활용되는 문화콘텐츠가 우리 주변에서 자리 잡을 수 있었던 것은 정보통신기술 발달을 통한 미디어 환경의 변화가 큰 역할을 담당했다. 미디어 기술의 발달로 문화콘텐츠 소비활동을 위한 여러 가지 여가제약(leisure constraints) 요인들이 없어졌기 때문이다. 더불어 네트워크에 의해 그 동안 다양한 형태와 내용으로 사회구성원들에게 부정적인 영향을 미친 여가제약에서 벗어나 사람들은 여가 기회(leisure chance)를 획득하게 되었다. 여가와 관련된 제약에 대해서는 수많은 학자들이 연구를 진행해왔으나, 크게 범주화하면 심리적 · 주관적 제약 범주와 여가 선호 · 참여와 관련된 제약 범주로 나눌 수 있다. 먼저 심리적 · 주관적 여가제약은 개인이 그것을 제약이라고 지각할 때 작용한다. 개인의 능력, 적성, 태도 등과 관련하여 무엇인가 결핍되어 있을 때 발생하게 된다. 한편, 여가 선호나 참여와 관련된 제약은 다시 세 가지 범주로 나뉘는데 여가 선호에 작용하는 개인의 심리상태, 즉 이전의 사회화 과정, 여가활동 등에 대한 적성, 스트레스 등이 결부되어 일어나는 '내재적 제약', 사람들 간 관계나 상호작용의 결과가 여가활동에 영향을 미쳐 여가활동 참여에 제약을 가하는 '대인적 제약', 여가기회 정보, 시설 접근과 관련한 '구조적 제약'이 있다(이주형 외, 2006; Crawford & Godbey, 1987; Crawford, Jackson & Godbey, 1991; Jackson & Burton, 1999).

사람들 각자 어떠한 여가제약 요인 하에 자신이 선호하는 여가활동에 참여하는가에 따라 그들의 삶은 차별화된 형태를 띠게 된다. 현대사회에서 여가제약 요인은 여가참여 양태의 차별적 불균등에만 관련된 것이 아니라 통시적인 관점에서 과거 · 현재 · 미래의 모든 여가활동과 관련한 차별적 기제들과 연관되어 인간에게 중요하게 작용한다. 정보네트워크 구조는 시민들의 이와 같은 여가제약을 극복하게 도와주고 있다. 사람들은 정보네트워크에 의한 새로운 공동체 공간에서 성취하고자 하는 목적을 설정한다. 그리고 목적을 달성하기 위한 모든 수단을 고려한 다음, 인간의 계산능력을 동원하여 이전에 고려한 수단들의 효율성을 판단하게 된다. 마지막으로 효율적인 여가 수단을 선택하는 합리적 행위를 하게 되는 것이다(김유일, 강석희, 2000; 이장영 외, 2004; 이주형 외, 2006; Jackson et al., 1999).

이처럼 문화콘텐츠 체험을 제약하는 요인들은 학자들에 따라 다양하게 유형화되어 왔지만, 결국 근본적인 원인은 의사소통 구조 및 과정상의 어려움을 들 수 있다. 개인의 관심이나 흥미, 지식 부족 등에서 비롯되는 내재적 여가제약 요인은 한 인간이 자신의 생애주기에서 여가를 즐기지 못했던 것에서 비롯된 사회화 과정의 문제이며, 이것은 결국 문화콘텐츠에 대한 교육의 부재와도 관련이 있다. 다양한 경제적 · 사회적 자본의 부족, 여가시설 부족, 여가시설로의 접근성 부족 등의 구조적 제약요인의 경우, 여가 시설 및 프로그램에 접근할 수 있는 소통 수단이 부족했기 때문에 나타나는 현상이다. 현대 정보네트워크 사회에서의 소통능력 향상은 결국 행위자가 문화콘텐츠에 대한 자신의 적성 및 능력에 대한 주관적 인식, 친구 및 가족의 지지, 특정 문화콘텐츠 활용에 대한 사회화, 그리고 문화콘텐츠 활용가능성에 대한 주관적 평가 등을 가능하게 해주어 다양한 여가활동 제약들을 없애준다. 이처럼 미디어 기술의 발달은 시민들의 일상적 삶인 여가 기회에 관련된 다양한 직 · 간접적 문화콘텐츠 체험상의 제약요인들의 극복을 가능하게 해 준 것이다(민웅기 2006a; 민웅기, 2010a; 이장영 외, 2004).

획득한 문화콘텐츠를 통해 사람들은 새로운 문화에 대한 체험을 할 수 있게 되었다. 그리고 사람들이 체험한 문화 자체가 주는 효용성은 앞서 말한 인간의 성찰성 추구로 이어지기에 충분했다. 문화콘텐츠가 스스로 지향하는 특성이기도 한 성찰성은 어떤 문화에 대한 해석을 수반하는데, 그 해석 자체는 반성적인 성격을 지닌다. 문화콘텐츠를 성찰적으로 향유하기 위해 사람들은 특정 사실을 경계 지으면서 일정한 틀과 거리를 유지한다. 이 성찰성은 늘 자아정체성의 인식을 전제로 실천된다(Giddens, 1991). 모든 문화콘텐츠는 스스로 조직화하려는 자기 지향성이 있으며, 이로 인해 의식 주체인 인간 스스로의 반성 역시 가능해진다. 문화콘텐츠의 자기 지향성은 한 쪽 방향으로만 진행되는 것이 아니며, 그 반대되는 문화적 성향과의 관계 속에서 변증법적으로 나타나는 경우가 많다. 문화콘텐츠의 형태와 내용이 시대와 장소에 따라 바뀌는 것도 바로 이 같은 이유 때문이다.

여러 가지 새로운 문화콘텐츠를 체험하는 과정이 인간에게 주는 매력은 그 유 · 무형의 문화적 산물들이 쾌락적 소비행위를 유도함과 동시에 행위자의 자기반성에 의한 성찰적 자아 구성을 시도할 수 있게 해준다는 점 때문이다. 체험을 주도하는 문화콘텐츠 산업군은 인간의 주관적·객관적 본성을 통일시켜주는 복합적 행위의 사회적 산물이라고도 할 수 있다. 우리는 문화콘텐츠의 생산-소비 현상에 대해 주체적으로 인지하고 성찰하면서 상상력이 발동하는 과정을 경험하고 있다. 더 나아가 다양한 문화콘텐츠는 합리적인 이성과 미학적인 감성을 하나로 결합시켜 준다. 인간행동이 단순한 행위자의 신체 뿐 아니라 심리현상, 그리고 자연, 사회 등의 거시적 구조에 귀속되는 이유는 인간이 물리적 신체 구조를 지닌 존재임과 동시에 자연, 사회의 질서와 법칙에 따라 생존하는 관계적 실체이기 때문일 것이다(최인숙, 2005).

이처럼 인간은 문화콘텐츠 소비를 통해 주체적이고 자율적인 삶의 의미를 찾게 된다. 문화콘텐츠를 소비하는 사람들은 어떤 새로운 문화를 뒤돌아 회고적으로 응시함으로써 체험에 근거한 삶의 의미가 자연스럽게 획득될 수 있다(Schutz, 1972). 사람들은 자신이 처한 상황에 대한 해석의 틀을 가지고 생활한다. 주관적인 문화콘텐츠 접속은 개인들 사이에서도 다르게 체험되며, 시간적·공간적으로 분리된 사람들 사이에서는 분화된 현상이 더욱 뚜렷해진다. 사람들은 온-오프라인의 다양한 시·공간 자원에 대한 체험을 통해 빈약한 지식과 상식의 영역을 지속적으로 채우고 수정하게 된다. 그 과정의 성패 여부는 문화콘텐츠 체험을 통해 얻게 되는 새로운 삶의 질서를 인간이 선택과 판단에 있어서 주체성(subjectivity)과 자율성(autonomy)의 원리에 충실하면서 자신의 것으로 받아들일 수 있느냐의 문제로 귀결된다(신승환, 2003). 또한 다양한 문화콘텐츠 소비가 지닌 복합적이며 융합적인 사상의 원형 때문에 사회구성원들의 행위는 새로운 인간 감정의 흐름을 낳기도 한다.

포스트모던 시대에 문화콘텐츠를 둘러싼 대표적인 사고의 가치는 다원성에 대한 이해라고 볼 수 있을 것이다. 이는 결국 문화에 대한 이성의 심미적 감성을 충족시키는 것, 즉 이성의 미학적 성취라고 볼 수 있다. 사람들은 복합적 형태의 문화콘텐츠 향유를 통해 자아 정체성의 확보를 위한 자신의 진정성을 찾고자 노력하는 것이다. 진정성 추구는 다른 타자들에 대한 표현과 재현의 원리를 의식적 · 무의식적으로 이해하는 과정으로 그 형태가 더 확실해진다(Urry, 1990). 더 나아가 인간이 체험하면서 여러 가지 영향을 받게 되는 문화는 인간이 발견할 수 있는 유일한 즐거움의 상징적 시 · 공간이다. 따라서 다양한 장르의 소비로 구현되는 여가활동의 주요 수단이기도 한 문화콘텐츠는 복잡하게 변화되어 가는 사회구조 속에서 진정한 자아를 만드는 육체적 원천을 제시한다. 인간은 문화콘텐츠를 통한 진정성 체험에 의해 감각적 즐거움과 느낌, 그리고 그 밖의 육체적, 정신적 충동들이 광범위하게 분출된다. 그러면서 자연스럽게 자발적으로 생각하고, 행동하려는 인간 본연의 욕구가 충족된다. 그 주체성에 대한 개인의 진정성 체험의 욕구는 결국 정체성에 대한 성찰과 관련되어 있는 것이다(Giddens, 1991; Wang, 2004).

이처럼 개인의 성찰성은 그들이 접촉하는 문화와의 관계 속에서 그 대상물에 대한 상호주관성에 의해 지향된다. 자신과 대상의 끊임없는 교호작용의 결과 형성되는 성찰적 자아의 본원적 의미 구성은 오랜 기간 적층된 생활세계의 구조화 과정 속에서 자연스럽게 나타난다. 인간 자신의 생활양식을 주도적으로 기획하는데 문화콘텐츠를 효과적으로 활용하게 되었다. 사람들이 일상적 삶 가운데서 진정한 자아를 경험할 수 없다면, 이 목적을 달성하기 위해 새롭고도 안전한 탈일상적 체험으로 시선을 돌릴 가능성이 높다. 문화콘텐츠 소비자는 예측하지 못하는 환경과의 교호작용을 통해 몰입을 경험하게 되고, 이를 통해 일상생활의 지루함을 뛰어넘는 체험활동을 꾸준하게 추구하게 된다. 새로운 문화콘텐츠의 체험은 사람들의 일상생활 공간에서의 다양한 삶의 제약에 대해서 보상하는 기회를 제공하며, 사회구성원들의 정체성을 확보시켜주어 그들 삶의 의미를 새롭게 재정비하는데 중요한 역할을 하게 된다.

3. 문화콘텐츠의 생산과 소비를 둘러싼 시민의 자율성

문화콘텐츠를 만드는 생산자와 향유하는 소비자 모두 문화콘텐츠에 관여하게 되는 기본적인 동기는 상상 속에서나 실현가능한 욕구를 현실 속에서 체험하고자 하는 욕망 때문이다. 사람들의 체험 욕구는 유·무형의 행위 대상에 대한 광의의 접촉으로 이루어지는 심오한 이해를 통해 실현된다. 문화콘텐츠 체험은 인간이 사회와 문화에 보다 깊이 관여하기를 원하는 그들의 욕구와 관련이 있다(Campbell, 1987). 현재 포스트모던 사회의 구성원들은 그동안 존재해 온 전통적 문화와는 다른 모습을 보이고 있는 급격한 문화변동 시대에 노출되어 있으며, 이 문화변동 속에서 자신의 자율성이 부여된 체험 기반 문화를 추구하기 위해 노력하고 있다. 궁극적으로 개인화된 욕구 충족을 통한 삶의 질적 향상을 꾀하고 있는 것이다.

사회구성원들은 개인화된 시민적 자율성을 유지하기 위해 이러한 노력을 하게 된다. 일반적으로 시민권과 관련한 논의의 경우 시민사회의 성장과 그 역사적 맥락을 같이 보고 이야기한다. 국가와 시장과의 관계 속에서 논의되는 시민사회 개념에 대한 규정은 일찍이 아리스토텔레스의 정치 공동체적 입장에서 시작하여 국가의 법률 등을 초월하는 규범에 따르는 공동체의 개념으로까지 연구되었다(주성수, 2004). 바로 이 시민사회 속에서 사람들 각자가 지니는 권리의 의미로서 시민권이 생성되었다. 시민권은 수동적이거나 종속적이지 않으며, 적극적이고 개별적인 권리로서의 속성을 지니고 있다. 이러한 속성 때문에 시민권을 가진 주체에게는 다양한 행위의 선택 요소 가운데서 개인의 자유로운 선택실행을 할 수 있는 능력이 요구되기도 한다. 근대 서구 사회에서 출현한 전형적인 인간관에서는 인간을 분리 · 독립된 개체로서 합리적으로 자신의 욕망충족을 극대화하는 존재라고 보았다. 인간이란 본질적으로 욕망의 추구자이고, 합리적으로 사유하는 주체이며, 자연을 자신의 의도대로 변형시켜 나가는 존재라고 규정한 것이다(홍승표, 2002). 그리고 아리스토텔레스, 플라톤 등의 논의에서 다룬 정치철학에서는 바로 이 시민권 문제를 '문화적 성원권'의 개념에 근거하여 설명하기 시작했다. 우리가 시민권이라고 했을 때, 문화적 의미의 시민권 개념을 생각하기 어색한 이유는 시민사회 개념이 정치적으로 혼란스러웠던 비서구지역의 권위주의적 통치에 대한 저항과 투쟁의 준거점으로서 발흥했기 때문이다(주성수, 2004). 이 같은 이유로 과거 시민권 개념과 관련된 권리들은 정치적 영역에서의 자유와 시장 영역에서의 교환관계 확산에 따른 교호과정에서 주로 나타났다(Alexander, 1992a, 1992b; Turner, 1997).

하지만 현대사회에 와서는 기존의 협의의 정치경제적 시민권을 넘어선 생활문화적 시민권이라는 인간의 직접적 삶과 관련된 광의의 시민권 개념이 출현하게 되었다. 이 생활문화적 시민권에 있어서 문화콘텐츠 등의 여가활동은 중요한 의미를 지닌다. 이제 생활문화적 시민권이라는 광의의 권리를 바탕으로 인간은 자연과 관계를 맺고, 성찰하며 살아가고 있다. 인간의 삶과 관련된 생활문화적 시민권의 성장은 인간과 사회로 대표되는 환경적 경계들의 거리가 축소되는 과정이라고 이해될 수 있다. 사회 환경은 외부의 힘인 동시에 인간활동의 결과이다.

인간은 스스로의 삶을 위한 끊임없는 노력과 투쟁을 해 왔으며, 그 결과 일상생활을 영위할 수 있는 권리, 즉 생활문화적 시민권을 인식하게 되었다. 이를 통해 사회적으로 용인된 행위들은 노동과 상반되는 영역에서 시민권 행사의 한 표현으로 외현되고 확대된다. 특히 문화콘텐츠를 기반으로 하는 사람들의 다양한 여가활동은 이제 삶의 질을 높이기 위해서 사람들이 반드시 향유해야 할 생활문화로 자리 잡고 있다. 지금까지 살펴본 문화콘텐츠 소비를 통한 정체성 회복 노력은 인위적으로 틀 지워진 삶의 스타일을 벗어나 스스로 선택하는 삶의 방식이라고 할 수 있다.

문화콘텐츠를 활용한 여가향유의 권리를 사회문화적 영역의 시민권으로 해석할 수 있는 것은 그것이 인간의 근원적 자유의 문제와 깊이 연관되어 있기 때문이다. 사람들은 개인적 자율성을 신장하기 위해 소위 시민으로서의 생활정치, 삶의 정치의 외적 발현을 꿈꾼다. 이 변화된 생활양식 속에서 행위자는 사람들과의 의존적 네트워크의 맥락에서 어떻게 살아야 하는지에 대해 성찰적으로 관심을 갖게 되었다. 사람들은 스스로 자신의 삶을 성찰하기 위한 생활정치를 자유와 선택, 그리고 정체성 확보라는 맥락에서 끊임없이 이행하고 있다. 이 과정에서 문화콘텐츠는 그러한 개인화된 욕구 충족을 위한 전형적 삶의 양식으로 자리 잡아가고 있다. 요컨대 문화콘텐츠에 내재해 있는 가치는 사회구성원들이 성찰성 확보를 위해 체험 욕구를 개인적 수준에서 실현할 수 있다는 것에 그 의미가 있는 것이다. 본격적인 포스트모던 시대를 맞이하여 인간의 성찰성을 담보로 하는 문화콘텐츠의 생산, 유통, 소비 과정은 더욱 다양한 형태와 내용으로 확산될 것이다.

참고문헌

[국내문헌]

강대현(2006). 한국시민사회와 시민교육: 한국 시민사회의 성장 과정에 대한 분석과 시민교육적 함의. 파주: 한국학술정보(주).

강성진, 도경록, 조록환(2014). 지역 음식관광 활성화를 위한 외국인 방문객 시장세분화 연구: 여행 중 음식관련 행동들을 기반으로. 관광연구, 29(5). 177-197.

강진숙, 이은비(2010). '차이의 정체성'을 위한 이주노동자 미디어교육 연구: MWTV 미디어교육 참여 이주 노동자 사례를 중심으로. 교육문화연구, 16(3). 139-162.

고봉찬(2010). 국내 결혼이주여성의 여가제약에 관한 탐색적 연구. 한국관광학회 제68차 학술연구발표논문집, 2010(7), 19-31.

고영삼, 민웅기(2014). 온라인 관광소비자 집단에 대한 조직론적 분석을 위한 시론적 고찰: 시민사회와 시장의 관계를 중심으로. 관광연구논총, 26(4), 135-156.

고호석(2010). 해양관광객의 참가동기가 관여도와 여가만족도에 미치는 영향에 관한 연구. 해양비즈니스, 15, 1-25.

고호석(2012). 해양관광축제 방문객 참가동기가 관광객 만족도와 행동의도에 미치는 영향에 관한 연구. 해양비즈니스, 21. 23-43.

김기호, 정기한(2010). 해양관광지의 속성이 지각된 가치, 고객만족, 충성도에 미치는 영향에 관한 연구: 통영 · 거제 관광지 중심으로. 관광연구, 25(5), 123-141.

김남조(2001). 관광목적지에 대한 지역주민과 관광자의 지각, 태도, 기대행위 차이. 관광학연구, 25(3), 43-62.

김남조(2005). 지리정보시스템(GIS)을 이용한 관광지 수용력 적용모형 개발. 관광학연구, 29(2), 13-32.

김남조(2006). 우리나라 경관계획에 관한 정책적 시사점과 과제. 관광연구논총, 17, 47-66.

김동준, 김충호(2015). 요우커(旅客)의 음식관광 경험에 대한 질적 연구. 한국외식산업학회지, 11(1), 95-105.

김문겸(1993). 여가의 사회학: 한국의 레저문화. 서울: 한울.

김문식, 김남조(2013). 국내진출 외식 프랜차이즈 기업의 실패 분석: 상보성 이론 및 총체적 상호일치관점을 중심으로. 관광연구논총, 25(3), 49-76.

김문식, 민웅기(2015). 국가직무능력표준(NCS)개발에 의한 한국 외식산업의 실무적 전문인력양성 방안: 외식산업분야의 융합적 교육체계 구축가능성 고찰을 중심으로. 여가학연구, 13(2), 143-177.

김문조(2005). IT와 새로운 사회질서의 형성. 과천: 한국통신정책연구원.

김문조(2007). 문화 연구의 과제와 방법. 사회와이론, 10, 7-32.

김문조(2013). 융합문명론: 분석의 시대에서 종합의 시대로. 파주: 나남.

김민철, 최용복, 부창산(2014). 중국관광객의 의료관광지 선택 의도. 관광연구저널, 28(1), 159-170.

김사헌, 박세종(2013). 관광사회문화론: 국제관광현상의 사회문화 및 정치경제학적 분석. 서울: 백산출판사.
김상준(2007). 성찰성과 윤리. 사회와 이론, 10, 33-78.
김성국(2012). IPA분석을 통한 우리나라 크루즈 관광의 매력성 요인 평가에 관한 연구. 해양비즈니스, 22, 1-21.
김성귀(2013). 해양관광론. 서울: 현학사.
김영순, 구문모, 조성면, 이미정, 오장근, 왕치현, 신규리(2010). 문화산업과 문화콘텐츠. 성남: 북코리아.
김영준(1996). 관광자 관여와 만족간의 관련성에 관한 연구: 서울랜드 사례를 중심으로 (석사학위). 경기대학교.
김영찬(2004). 고객가치와 시장세분화: 새로운 마케팅전략 분석기법. 경영학연구, 33(6), 1757-1779.
김옥희, 민웅기(2013). 슬로관광 목적지로서의 슬로시티(slow city)의 정체성과 장소마케팅의 가능성. 관광연구논총, 25(3), 25-47.
김용만, 이승철(2004). 프로스포츠 팀의 공익연계마케팅 활용 방안. 한국체육학회지, 43(2), 247-261.
김유일, 강석희(2000). 여가활동참여에 있어서 제약유형의 위계적 과정에 관한 연구. 한국조경학회지, 28(1), 29-36.
김은미, 양옥경, 이해영(2009). 다문화 사회, 한국. 파주. 나남.
김인수(2016). 거시조직이론. 서울: 무역경영사.
김재익, 황국웅, 정현욱, 여창환(2004). 도시성장분석상 위상영상자료와 구역자료의 통합이용에 관한 연구. 한국지리정보학회지, 7(3), 1-12.
김종건, 현용호, 박영아(2013). UTAUT 이론을 적용한 스마트폰의 관광용 Alert System 이용의도에 관한 연구. 관광연구논총, 25(3), 119-141.
김종길, 김문조(2006). 디지털 한국사회의 이해. 파주: 집문당.
김종길(1993). 환경문제와 환경운동. 임희섭, 박길성 (공저), 오늘의 한국사회. 서울: 나남.
김종길(2004). 인터넷 시민운동의 특성과 전망. 과천: 정보통신정책연구원.
김종일(2001). 복지에서 노동으로: 노동중심적 복지국가의 비판적 이해. 서울: 일신사.
김지응, 박지양(2012). 커피전문점의 환경마케팅이 소비자 신뢰 및 충성도에 미치는 영향. 한국식생활문화학회지, 27(3), 251-260.
김진옥, 김남조, 정철(2014). 문화적 유사성이 K-pop 인식, 국가이미지, 및 방문의도에 미치는 구조적 관계 분석. 관광학연구, 38(1), 223-247.
김철규(2003). 한국의 자본주의 발전과 사회변동. 서울: 고려대학교출판부.
김평수, 윤홍근, 장규수(2018). 문화콘텐츠산업론. 서울: 커뮤니케이션북스.
김학윤, 이호배(1996). 소비자행동. 서울: 무역경영사.
김한종(2009). 역사이해와 역사교육. 양호환 외 (공저), 역사교육의 이론. 서울: 책과함께.
김현주(2017). 뉴 투어리즘의 대안, 음식관광. 한국관광정책, 67, 79-84.
김형석(1999). 영화 마케팅 비즈니스. 서울: MJ미디어.

김홍중(2007). 근대적 성찰성의 풍경과 성찰적 주체의 알레고리. 한국사회학, 41(3), 186-214.
남정숙, 김민주, 김소영, 이병권(2008). 문화기업의 비밀: 컬처노믹스 시대의 문화마케팅. 서울: 한국메세나협의회.
노영희(2004). 공공 포털사이트 구축을 위한 마케팅 전략. 제55차 한국관광학회 학술논문발표대회 논문집, 2004, 265-275.
노영희(2006). 디지털 콘텐츠의 이해. 서울: 건국대학교출판부.
도경록, 민웅기, 김문식(2018). 신(新)외식산업 분야에 내재된 문화관광론적 의미. 문화교류와다문화교육, 7(3), 29-54.
도경록, 박덕병(2013). 음식을 활용한 중국인 관광객 유치 전략. 농촌지도와 개발, 20(4), 1079-1103.
류정아(2005). 세계화와 '문화 다양성'. 문화도시 · 문화복지, 168, 18-21.
류주현(2008). 부정적 장소자산을 활용한 관광 개발의 필요성. 한국도시지리학회지, 11(3), 67-79.
문형인(2009). 문화예술분야 사회적 기업의 특성과 성공요인 (석사학위). 목포: 목포대학교.
민웅기, 김남조(2009). 관광자의 소비문화와 관광목적지 이미지의 담론 연구: 관광지의 장소 마케팅을 위한 탐색적 논의. 관광연구논총, 21(2), 61-82.
민웅기, 김상학(2014). 다문화가족 이주여성들의 여가제약이 여가활동 참여 및 여가만족에 미치는 영향: 여가관여의 조절효과를 중심으로. 관광연구저널, 28(5), 45-61.
민웅기, 김상학(2015). 세계화 시대의 다문화가족의 확산과 국제관광의 사회적 기능에 대한 이론적 성찰. 관광연구저널, 29(5), 5-17.
민웅기, 박봉규(2015). 세계화 시대의 관광 활성화를 위한 관광정책 및 기업경영전략에 대한 대안적 논의: 공공적 관광정책과 경쟁우위의 기업경영전략을 중심으로. 동북아관광연구, 11(2), 1-20.
민웅기(2002a). 한국사회의 여가생활에 대한 사회구조적 고찰: 발달배경, 현황 및 대응방안. 사회연구, 4, 43-65.
민웅기(2002b). 정보화 시대의 관광산업: 배경, 현황 및 대응방안. 문화정책, 1, 113-131.
민웅기(2006a). 한국 가족구조의 변화와 여성 여가활동의 활성화에 대한 고찰. 한국여가레크리에이션학회지. 30(4), 285-295.
민웅기(2006b). 현대 한국사회의 여가문화 형성의 특성에 대한 비판적 고찰. 한국여가레크리에이션학회지, 30(2), 315-325.
민웅기(2007a). 그린투어리즘 연구의 담론 분석. 여가학연구, 5(1), 47-62.
민웅기(2007b). 현대 관광과 문화 패러다임의 변용: 관광활동과정의 문화적 분석을 중심으로. 사회과학연구, 23(1), 345-364.
민웅기(2009). 일상생활의 미학화와 관광의 상징적 가치. 관광연구논총, 21(1), 51-70.
민웅기(2010a). 네트워크 시대의 여가 공동체: 정보 사회의 여가 공동체에 내재된 시민사회적 의미. 여가학연구, 7(3), 25-44.

민웅기(2010b). 현대 관광과 시공간 소비의 의미 변화: 시공간의 시장화, 상품화 현상 및 체험 소비의 인문학적 고찰. 순천향 인문과학논총, 27, 329-352.

민웅기(2012a). 성찰적 여가활동으로서의 문화관광의 의미: 욕구의 개인화와 생활문화적 시민권 개념을 중심으로. 관광연구논총, 24(3), 123-143.

민웅기(2012b). 역사자원의 문화콘텐츠화 과정에 내재된 포스트모던적 의미: 역사자원과 관광의 관계를 중심으로. 인문학연구, 44, 229-262.

민웅기(2012c). 역사자원의 문화콘텐츠화 과정에 내재된 포스트모던적 의미. 인문학연구, 44, 229-262.

민웅기(2012d). 해양관광 비즈니스의 활성화를 위한 마케팅 전략: 여가제약요인의 해소를 위한 마케팅 활동을 중심으로. 해양비즈니스, 23, 69-92.

민웅기(2012e). 산업화와 기술 발전의 역사를 통해 본 친환경 마케팅의 전망에 대한 탐색적 연구: 관광산업을 중심으로. 역사와 실학, 49, 121-146.

민웅기(2014). 현대 관광확산의 추동요인에 대한 사회문화적 분석: 한국사회에서의 관광동향 및 변화상에 대한 고찰을 중심으로. 여가학연구, 12(2), 125-147.

민웅기(2018a). 관광자원 소비트렌드의 역사문화적 변화. 서울: 기문사.

민웅기(2018b). 한국사회의 공유경제 시스템을 적용한 관광분야 초연결경제모델의 분석과 예측: 행위자네트워크이론에 의한 온-오프라인 관광조직의 연결망 분석. 노동연구, 37, 187-226.

박상규(2008). 해양관광레저스포츠 속성에 따른 표적마케팅 전략. 한국사회체육학회지, 33, 221-230.

박석희, 고동우(2002). 관광지의 정서적 이미지 척도 개발: 순정서적 이미지와 준정서적 이미지. 관광학연구, 25(4), 13-32.

박수정(2004). 여가학 개론. 인천: 인하대학교출판부.

박영정, 김영호, 손경년, 안이영로(2004). 생활권 여가 인프라의 협력체제 구축 및 주민참여 방안 연구. 서울: 한국문화관광정책연구원.

박재묵(2009). 환경사회학이란 무엇인가. 윤순진, 한국환경사회학회 (편저), 우리 눈으로 보는 환경사회학. 파주: 창비.

박한식(2007). 지역이미지 분석을 통한 장소마케팅 전략: 관광객과 지역주민 이미지 차이를 중심으로. 관광연구논총, 19(1), 101-115.

박형희(2006). 국내 음식관광의 활성화 방안. 한국관광정책, 24, 39-48.

배주희(2015). 도시에서 사는 법: 나를 위한 가치소비를 즐기다 - 싱글족의 진화, 포미족. 도시문제, 50(565), 70-71.

백선혜(2005). 장소성과 장소마케팅: 한국과 미국 소도시 문화예술축제를 사례로. 파주: 한국학술정보.

소진광(2004). 사회적 자본 형성을 통한 지방자치와 지역발전의 연계화 방안. 지방행정연구, 18(2), 68-90.

손대현 편저(2004). 문화를 비즈니스로 승화시킨 엔터테인먼트산업. 파주: 김영사.

송해룡(2009). 미디어 2.0과 콘텐츠 생태계 패러다임. 서울: 성균관대학교출판부.

신상무, 김도훈(2010). 체험마케팅이 브랜드 자산에 미치는 영향에 관한 연구: 브랜드 홍보대사를 중심으로. 한국의류학회지, 34(2), 242-251.
신승환(2003). 포스트모더니즘에 대한 성찰. 서울: 살림.
심원섭(2004). 지역관광혁신체계 구축방안. 서울: 한국문화관광정책연구원.
심재명(2011). 국내 이주 외국인 근로자들의 여가에 대한 연구: 민족과 여가제약의 관점에서. 관광학연구, 35(5), 169-194.
안병환(2009). 다문화교육의 현황과 다문화교육 접근방향 탐색. 교육실천연구, 8(2), 155-177.
양길승(2008). 해양관광 활성화를 위한 마케팅전략: 전라남도를 중심으로. 관광연구저널, 22(4), 445-459.
엄묘섭(2001). 문화사회학. 경산: 대구가톨릭대학교출판부.
오관석(2010). 디지털 정치론. 서울: 진한엠앤비.
오상훈(2005). 관광과 문화의 이해. 서울: 형설출판사.
오세경, 김영순(2016). 멘토의 다문화 멘토링 경험과 의미: 존 듀이의 경험이론을 중심으로. 문화교류와 다문화교육, 5(2), 33-52.
원용진(1996). 대중 문화의 패러다임. 서울: 한나래.
원융희(2003). 관광이미지. 서울: 백산출판사.
유승무, 박수호, 정병웅(2002). 방문외국인의 사찰체험관광 행동분석: FIFA2002한일월드컵 템플스테이 참여 만족도를 중심으로. 국제문화와 관광 · 경제, 한일공동주체 2002년 국제학술대회 발표논문집, 265-291. 한국문화관광학회, 일본홋카이도관광학회.
유승호(2006). 디지털 시대의 영상과 문화. 서울: 미술문화.
유평근, 진형준(2001). 이미지. 서울: 살림.
윤세환, 박진영(2009). 재래시장의 관광매력성이 관광지 평가에 미치는 영향. 관광연구, 24(1), 57-73.
윤소영(2008). 개인 여가활동과 사회적 유익성. 한국여가문화학회 (편저), 현대 여가연구의 이슈들. 서울: 한올출판사.
윤영석, 김우형(2010). 도시브랜딩: 도시 재탄생의 비밀. 서울: Unitas BRAND.
윤인진, 송영호(2011). 한국인의 국민 정체성에 대한 인식과 다문화 수용성. 통일문제연구, 23(1), 143-192.
윤인진(2008). 한국적 다문화주의의 전개와 특성: 국가와 시민사회의 관계를 중심으로. 한국사회학, 42(2), 72-103.
이경모(2004). 크루즈산업의 이해. 서울: 대왕사.
이경모(2005). SIT: 미래관광의 대안모색. 서울: 대왕사.
이경숙(2005). 일상생활문화의 재발견을 통한 체험관광개발에 관한 연구. 관광정책학연구, 11(3), 217-236.
이광옥(2010). 이벤트 관광의 방문동기가 몰입에 미치는 영향: 골프관여도의 조절효과를 중심으로. 관광연구저널, 24(4), 305-320.

이득연(1998). 환경운동의 사회학. 서울: 민영사.

이무용(2005). 공간의 문화정치학: 공간, 그곳에서 생각하고, 놀고, 싸우고, 만들기. 서울: 논형.

이무용(2006). 장소마케팅 전략의 문화적 개념과 방법론에 관한 고찰. 대한지리학회지, 41(1), 39-57.

이미혜(2014). 관광상품론. 서울: 대왕사.

이승환(1998). 유가사상의 사회철학적 재조명. 서울: 고려대학교출판부.

이영숙, 박경란(2009). 노인의 여가제약, 역할동참여와 생활만족도의 관계 분석. 한국생활과학회지, 18(1), 1-12.

이유선, 정헌주, 김정로, 박선권, 정용찬, 이우관(2005). 현대사회와 소비문화. 서울: 일신사.

이은미(2008). 기업, 소비자와 사회공헌활동의 적합성이 소비자 반응에 미치는 영향에 관한 연구: 소비자 지각과 동일시의 매개적 역할을 중심으로 (박사학위). 이화여자대학교.

이인재, 조광익(2003). 관광이미지 형성에 관한 연구: 기대와 직접적 경험을 바탕으로 한 관광 이미지 형성과정을 중심으로. 관광학연구, 27(1), 45-62.

이장영 외(2004). 여가. 서울: 일신사.

이주형, 송광인, 최영기, 류인평(2006). 문화와 관광. 서울: 기문사.

이지선, 강신겸(2010). 커뮤니티관광개발에서의 이해관계자간 협력관계 분석: 사회연결망분석을 중심으로. 관광연구논총, 22(2), 75-97.

이진(2014). 심층면접을 통한 외식기업의 해외진출변수 선정. 관광연구저널, 28(3), 221-233.

이진홍(2004). 여행 이야기. 서울: 살림.

이진희(2006). 장소 마케팅. 서울: 대왕사.

이한숙(2014). 한식 프랜차이즈 브랜드 개성이 고객만족과 브랜드 충성도에 미치는 영향. 관광연구저널, 28(9), 223-243.

전경옥(2009). 문화예술 사회서비스를 제공하는 사회적 기업에 관한 연구 (석사학위). 단국대학교.

전한성, 민정호(2016). 다문화가족이 함께 하는 한국어 문화 교육 프로그램 개발 방향. 국어문학, 61, 365-397.

정대연(2002). 환경사회학. 서울: 아카넷.

정문길(1984). 소외. 서울: 문학과지성사.

정책기획위원회(2002). 월드컵과 신공동체문화: 2002년 정책기획과제. 서울: 정책기획위원회.

조광익(1998). 탈근대의 여가와 소비: 보드리야르를 중심으로. 관광학연구, 22(2), 330-337.

조광익(2006). 현대관광과 문화이론: 푸코의 권력이론과 부르디외의 문화적 갈등이론. 서울: 일신사.

조광익(2010). 여가 소비와 개인의 정체성: 이론적 탐색. 관광연구논총, 22(2), 3-25.
조학래(2008). 그린 마케팅과 기업의 자세. 한국정보컨버전스학회논문지, 1(1), 55-59.
주성수(2004). NGO와 시민사회: 이론, 모델, 정책. 서울: 한양대학교출판부.
진병렬(2006). SIT 관광지로서의 경복궁에 관한 연구. 문명연지, 7(1), 123-140.
최연구(2006). 문화콘텐츠란 무엇인가. 파주: 살림출판사.
최인숙(2005). 칸트. 서울: 살림.
최인호(2008). 대중문화 콘텐츠를 활용한 관광지 스토리텔링. 한국콘텐츠학회 논문지, 8(12), 396-403.
최창현(1995). 조직사회학: 조직환경론을 중심으로. 서울: 학문사.
최하연, 곽공호, 김학선(2017). 세계음식 브랜드 포지셔닝에 대한 연구: 한국, 미국, 중국 음식관광객을 대상으로. Culinary Science & Hospitality Research, 23(2), 86-94.
최혜실(2006). 문화콘텐츠, 스토리텔링을 만나다. 서울: 삼성경제연구소.
한국콘텐츠진흥원 정책본부(2018). 2017 음악 산업백서. 나주: 한국콘텐츠진흥원.
한국콘텐츠진흥원. (2003). 문화콘텐츠산업 학과 커리큘럼 가이드북. 서울: 한국문화콘텐츠진흥원.
한규석(2002). 사회심리학의 이해. 서울: 학지사.
홍명희(2005). 상상력과 가스통 바슐라르. 서울: 살림.
홍성민(2004). 피에르 부르디외와 한국사회: 이론과 현실의 비교정치학. 서울: 살림.
홍성태(1998). 생태사회를 위하여. 서울: 문화과학사.
홍승표(2002). 깨달음의 사회학. 서울: 예문서원.
홍장원(2002). 해양관광활동 및 해수욕장의 마케팅 전략에 관한 연구. 해양수산, 215, 48-63.
홍창식(1997). 문화관광상품화에 관한 연구. 관광정책학연구, 3(1), 247-272.
황정미, 김이선, 이명진, 최현, 이동주(2007). 한국사회의 다민족 · 다문화 지향성에 대한 조사연구. 서울: 한국여성정책연구원.

[국외문헌]

山崎光博, 小山善彦, 大島順子(1997). 녹색관광(강신겸, 김정연, 옮김). 서울: 일신사. (원서출판 1993).
猪口孝(1990). 국가와 사회 (이형철, 옮김). 서울: 나남. (원서출판 불명).
中村良夫(2007). 풍경의 쾌락: 크리에이터, 풍경을 만들다 (강영조, 옮김). 서울: 효형출판. (원서출판 2004).
池上惇(1996). 문화경제학입문 (강응선, 옮김). 서울: 매일경제신문사. (원서출판 1991).
Aaker, D. A. (2013). *Strategic market management* (10th ed.). New York, NY: Wiley.
Abramson, P. R. (1997). Postmaterialism and environmentalism: A comment on an analysis and a reappraisal. *Social Science Quarterly*, *78*(1), 21-23.

Aitchison, C. (2001). Gender and leisure research: The "codification of knowledge". *Leisure Sciences, 23*(1), 1-19.

Alexander, W. (1992a). Anarchy is what states make of it: The social construction of power politics. *International Organization, 46*(2), 391-425.

Alexander, W. (1992b). Collective identity formation and the international state. *The American Political Science Review, 88*(2), 384-396.

Amin, A. (1994). Post-Fordism: Model, fantasies and phantoms of transition. In A. Amin (Ed.), *Post-Fordism: A reader* (pp. 1-39). Oxford, UK: Blackwell.

Appadurai, A. (1996). *Modernity at large: Cultural dimensions of globalization.* Minneapolis, MN: University of Minnesota Press.

Arnold, M. (1960). *Culture and anarchy: An essay in political and social criticism.* London, UK: Cambridge University Press.

Ashworth, G. J. (2004). 문화관광객의 관리. In G. J. Ashworth, & A. G. J. Dietvorst (Eds.), 관광과 공간변형 (박석희, 옮김). 서울: 일신사. (원서출판 1995).

Bachelard, G. (2003). 공간의 시학 (곽광수, 옮김). 서울: 동문선. (원서출판 1957).

Baloglu, S., & Brinberg, D. (1997). Affective images of tourism destinations. *Journal of Travel Research, 35*(4), 11-15.

Baloglu, S., & McCleary, K. W. (1999). A model of destination image formation. *Annals of Tourism Research, 26*(4), 868-897.

Baudrillard, J. (1992). 소비의 사회: 그 신화와 구조 (이상률, 옮김). 서울: 문예출판사. (원서출판 1970).

Bauman, Z. (1988). *Freedom.* Buckingham, UK: Open University Press.

Beck, U., & Beck-Gernsheim, E. (2002). *Individualization: Institutionalized individualism and its social and political consequences.* London, UK: SAGE Publications.

Berger, J. (1987). *Ways of seeing.* Harmondsworth, UK: Penguin Books.

Berger, P. L. (1973). "Sincerity" and "authenticity" in modern society. *The Public Interest, 31*, 81-90.

Berry, J. W. (2003). Conceptual approaches to acculturation. In K. M. Chun, P. Balls Organista, & G. Marin (Eds.), *Acculturation: Advances in theory, measurement, and applied research* (pp. 17-37). Washington, DC: American Psychological Association.

Berry, J. W., & Sam, D. L. (1997). Acculturation and adaptation. In J. W. Berry, M. H. Segall, & C. Kagitcibasi (Eds.), *Handbook of cross-cultural psychology, Vol. 3: Social behavior and applications* (pp. 291-326). Boston, MA: Allyn & Bacon.

Boorstin, D. J. (1964). *The image: A guide to pseudo-events in America.* New York, NY: Harper & Row.

Bourdieu, P. (1979). *Outline of a theory of practice* (R. Nice, Trans.). Cambridge, UK: Cambridge University Press.

Bourdieu, P. (1984). *Distinction: A social critique of the judgement of taste* (R. Nice, Trans.). Cambridge, MA: Harvard University Press.

Bourdieu, P. (1995). 구별짓기: 문화와 취향의 사회학 上 (최종철, 옮김). 서울: 새물결. (원서출판 1979).

Brechin, S. R., & Kempton, W. (1994). Global environmentalism: A challenge to the postmaterialism thesis?. *Social Science Quarterly*, *75*(2), 245-269.

Bullen, P., & Onyx, J. (1998). *Measuring social capital in five communities in NSW: A practitioner's guide*. Coogee, AU: Centre for Australian Community Organizations and Management (CACOM).

Bunker, S. G. (1985). *Underdeveloping the Amazon: Extraction, unequal exchange, and the failure of the modern state*. Urbana, IL: University of Illinois Press.

Buriel, R. (1993). Childrearing orientations in Mexican American families: The influence of generation and sociocultural factors. *Journal of Marriage and Family*, *55*(4), 987-1000.

Burt, R. (2001). Structural holes versus network closure as social capital. In N. Lin, K. Cook, & R. S. Burt (Eds.), *Social capital: Theory and research* (pp. 31-56). New York, NY: Aldine de Gruyter.

Byrne, P. (1997). *Social movements in Britain*. London, UK: Routledge.

Campbell, C. (1987). *The romantic ethic and the spirit of modern consumerism*. Oxford, UK: Basil Blackwell.

Campbell, C. (1995). The sociology of consumption. In D. Miller (Ed.), *Acknowledging consumption: A review of new studies* (pp. 96-126). London, UK: Routledge.

Campbell, S. (2003). Green cities, growing cities, just cities? Urban planning and the contradictions of sustainable development. In S. Campbell, & S. S. Fainstein (Eds.), *Readings in planning theory* (2nd ed., pp. 435-458). Oxford, UK: Blackwell.

Carroll, A. B. (1979). A three-dimensional conceptual model of corporate performance. *The Academy of Management Review*, *4*(4), 497-505.

Carroll, A. B. (1991). The pyramid of corporate social responsibility: Toward the moral management of organizational stakeholders. *Business Horizons*, *34*(4), 39-48.

Castells, M. (1996). The rise of the network society. Malden, MA: Blackwell.

Castells, M. (1998). 정보경제와 신국제분업. In M. Carnoy, M. Castells, S. S. Cohen, & F. H. Cardoso (Eds.), 정보화 시대의 지구경제와 국가 (정헌주, 윤상우, 옮김). 서울: 일신사. (원서출판 1993).

Castells, M. (2001). *The internet galaxy: Reflections on the internet, business, and society*. Oxford, UK: Oxford University Press.

Chaney, D. (2004). 라이프 스타일 (김정로, 옮김). 서울: 일신사. (원서출판 1996).

Cohen, E. (1972). Toward a sociology of international tourism. *Social Research, 39*(1), 164-182.

Cohen, E. (1979). A phenomenology of tourist experience. *Sociology, 13*(2), 179-201.

Cohen, J. L., & Arato, A. (1992). *Civil society and political theory*. Cambridge, MA: MIT Press.

Cohen, S., & Taylor, L. (1992). *Escape attempts: The theory and practice of resistance to everyday life* (2nd ed.). London, UK: Routledge.

Coleman, J. S. (1988). Social capital in the creation of human capital. *American Journal of Sociology, 94*, 95-120.

Cooper, C. (2008). 포스트모던 관광의 이해와 연구 (고동완, 옮김). 파주: 교문사. (원서출판 2003).

Crary, J. (2001). 관찰자의 기술 (임동근, 옮김). 서울: 문화과학사. (원서출판 1990).

Crawford, D. W., & Godbey, G. (1987). Reconceptualizing barriers to family leisure. *Leisure Science, 9*(2), 119-127.

Crawford, D. W., Jackson, E. L., & Godbey, G. (1991). A hierarchical model of leisure constraints. *Leisure Sciences, 13*(4), 309-320.

Debord, G. (1996). 스펙타클의 사회 (이경숙, 옮김). 서울: 현실문화연구. (원서출판 1967).

Dowling, R. (1993). An environmentally-based planning model for regional tourism development. *Journal of Sustainable Tourism, 1*(1), 17-37.

Doyle, T., & McEachern, D. (2002). 환경정치학 (이유진, 옮김). 서울: 한울아카데미. (원서출판 1998).

Drucker, P. F. (2002). 자본주의 이후의 사회 (이재규, 옮김). 서울: 한국경제신문사. (원서출판 1993).

Durand, G. (1997). 상상력의 과학과 철학 (진형준, 옮김). 서울: 살림. (원서출판 1960).

Durand, G. (1998). 상징적 상상력 (진형준, 옮김). 서울: 문학과 지성사. (원서출판 1964).

Ekinci, Y., & Hosany, S. (2006). Destination personality: An application of brand personality to tourism destinations. *Journal of Travel Research, 45*(2), 127-139.

Elias, N. (1978a). The civilizing process: *The history of manners* (E. Jephcott, Trans.). Oxford, UK: Basil Blackwell.

Elias, N. (1978b). *What is sociology?* (S. Mennell, & G. Morrissey, Trans.). London, UK: Hutchinson.

Elias, N. (1982). *The civilizing process*: State formation and civilization (E. Jephcott, Trans.). Oxford, UK: Basil Blackwell.

Elias, N., & Dunning, E. (1986). Leisure in the spare-time spectrum. In N. Elias, & E. Dunning (Eds.), *Quest for excitement: Sport and leisure in the civilizing process* (pp. 91–125). Oxford, UK: Basil Blackwell.

Eliot, T. S. (1948). *Notes towards the definition of culture*. London, UK: Faber & Faber.

Fakeye, P. C., & Crompton, J. L. (1991). Image differences between prospective, first-time, and repeat visitors to the lower Rio Grande Valley. *Journal of Travel Research, 30*(2), 10–16.

Featherstone, M. (1991). *Consumer culture and postmodernism*. London, UK: SAGE Publications.

Fisher, R., & Kling, J. (1994). Community organization and new social movement theory. *Journal of Progressive Human Services, 5*(2), 5–23.

Foucault, M. (1988). Technologies of the self. In L. H. Martin, H. Gutman, & P. H. Hutton (Eds.), *Technologies of the self: A seminar with Michel Foucault* (pp. 16–49). Amherst, MA: University of Massachusetts Press.

Friedman, J. (1990). Being in the world: Globalization and localization. *Theory, Culture & Society, 7*(2–3), 311–328.

Fukuyama, F. (1995). *Trust: The social virtues and the creation of prosperity*. New York, NY: The Free Press.

Gartner, W. C. (1994). Image formation process. *Journal of Travel & Tourism Marketing, 2*(2–3), 191–216.

Geertz, C. (1975). *The interpretation of cultures*. London, UK: Hutchinson.

Giddens, A. (1990). *The consequences of modernity*. Cambridge, UK: Polity.

Giddens, A. (1991). *Modernity and self-identity: Self and society in the late modern age*. Cambridge, UK: Polity.

Giddens, A. (2000). *The third way and its critics*. Cambridge, UK: Polity.

Gough, I. (2000). *Global capital, human needs and social policies: Selected essays* 1994–99. Basingstoke, UK: Palgrave.

Graburn, N. H. H. (1983). The anthropology of tourism. *Annals of Tourism Research, 10*(1), 9–33.

Griswold, W. (1994a). *Culture and societies in a changing world*. Thousand Oaks, CA: Pine Forge Press.

Griswold, W. (1994b). Technology, community, and global culture. In W. Griswold (Ed.), *Cultures and societies in a changing world* (pp. 138–153). Thousand Oaks, CA: Pine Forge Press.

Gunn, C. A. (1972). *Vacationscape: Designing tourist regions*. Austin, TX: Bureau of Business Research, University of Texas.

Gusfield, J. R., & Michalowicz, J. (1984). Secular symbolism: Studies of ritual, ceremony, and the symbolic order in modern life. *Annual Review of Sociology, 10*, 417–435.

Habermas, J. (1979). *Communication and the evolution of society* (T. McCarthy, Trans.). Boston, MA: Beacon Press.

Habermas, J. (1984). *The theory of communicative action, Vol. 1: Reason and the rationalization of society* (T. McCarthy, Trans.). Boston, MA: Beacon Press.

Habermas, J. (1987). *The theory of communicative action, Vol. 2: Lifeworld and system: A critique of functionalist reason*, (T. McCarthy, Trans.). Boston, MA: Beacon Press.

Hall, C. M., & Sharples, L. (2003). The consumption of experiences or the experience of consumption? An introduction to the tourism of taste. In C. M. Hall et. al (Eds.), *Food tourism around the world: Development, management and markets* (pp. 1–24). London, UK: Routledge.

Hall, J. R., & Neitz, M. J. (1993). *Culture: Sociological perspectives*. Englewood Cliffs, NJ: Prentice Hall.

Hall, S. (1994). Cultural studies: Two paradigms. In N. B. Dirks, G. Eley, & S. B. Ortner (Eds.). *Culture/power/history: A reader in contemporary social theory* (pp. 521–538). Princeton, NJ: Princeton University Press.

Hanas, J. (2007, June 8). A world gone green: Environmental awareness has not only tipped in the media – It' s hit corporate boardrooms as well. *Advertising Age*. https://adage.com/article/special-report-ecomarketing/a-world-green/117113

Harasim, L. M. (Ed.). (1997). 글로벌 네트워크 (박승관 외, 옮김). 서울: 전예원. (원서출판 1993).

Harvey, D. (1989). *The condition of postmodernity: An enquiry into the origins of cultural change*. Oxford, UK: Blackwell.

Henderson, K. A. (1994). Perspectives on analyzing gender, women, and leisure. *Journal of Leisure Research, 26*(2), 119–137.

Hewitt, J. P. (2001). 자아와 사회: 상징적 상호작용주의 사회심리학 (윤인진 외, 옮김). 서울: 학지사. (원서출판 1976).

Honneth, A. (2001). Recognition or redistribution?: Changing perspectives on the moral order of society. *Theory, Culture & Society, 18*(2–3), 43–55.

Houston, M. J., & Rothschild, M. L. (1977). *A paradigm for research on consumer involvement*. Madison, WI: Graduate School of Business, University of Wisconsin–Madison.

Humphrey, C. R., & Buttel, F. H. (1995). 환경사회학: 환경 · 에너지 · 사회 (양종회, 이시재, 옮김). 서울: 사회비평사. (원서출판 1982).

Iso-Ahola, S. E. (1980). *The social psychology of leisure and recreation*. Dubuque, IA: W.C. Brown Co. Publishers.

Jackson, E. L. (1993). Recognizing patterns of leisure constraints: Results from alternative analyses. *Journal of Leisure Research, 25*(2), 129-149.

Jackson, E. L., & Burton, T. L. (1999). *Leisure studies: Prospects for the twenty-first century*. State College, PA: Venture Publishing.

Kane, A. E. (1996). The centrality of culture in social theory: Fundamental clues from Weber and Durkheim. In S. P. Turner (Ed.), *Social theory and sociology: The classics and beyond* (pp. 161-180). Cambridge, MA: Blackwell.

Kaye, H. J. (2004). 과거의 힘: 역사의식, 기억과 상상력 (오인영, 옮김). 서울: 삼인. (원서출판 1991).

Kellner, D. (1988). Postmodernism as social theory: Some challenges and problems. *Theory, Culture & Society, 5*(2-3), 239-269.

Klaus, F., Budtz, C., & Yakaboylu, B. (2008). 스토리텔링의 기술: 어떻게 만들고 적용할 것인가? (황신웅, 옮김). 서울: 멘토르. (원서출판 2005).

Knox, P. L., & Mayer, H. (2009). *Small town sustainability: Economic, social, and environmental innovation*. Basel, CH: Birkhäuser.

Kotler, P., & Keller, K. L. (2009). *Marketing management* (13th ed.). Upper Saddle River, NJ: Pearson.

Ku, L.-W., Liang, Y.-T., & Chen, H.-H. (2006). Opinion extraction, summarization and tracking in news and blog corpora. *Proceedings of AAAI Spring Symposium: Computational Approaches to Analyzing Weblogs, 2006*, 100-107.

Lash, S. (1993). Reflexive modernization: The aesthetic dimension. *Theory, Culture & Society, 10*(1), 1-23.

Lash, S. (1999). *Another modernity: A different rationality*. Oxford, UK: Blackwell.

Lash, S. (2004). Reflexivity as non-linearity. *Theory, Culture & Society, 20*(2), 49-57.

Lash, S., & Urry, J. (1994). *Economies of signs and space*. London, UK: SAGE Publications.

Lash, S., & Urry, J. (1998). 기호와 공간의 경제 (박형준, 권기돈, 옮김). 서울: 현대미학사. (원서출판 1993).

Layton, R. (2006). 인류학이론 입문 (안호용, 옮김). 서울: 일신사. (원서출판 1997).

Leavis, F. R. (1930). *Mass civilization and minority culture*. Cambridge, UK: Minority Press.

Lefebvre, H. (2005). 현대세계의 일상성 (박정자, 옮김). 서울: 기파랑. (원서출판 1971).

Lin, N. (2001). *Social capital: A theory of social structure and action*. Cambridge, UK: Cambridge University Press.

Lonner, W. J., & Berry, J. W. (Eds.) (1986). *Field methods in cross-cultural research*. Beverly Hills, CA: Sage Publications.

Lord, B., & Velez, R. (2014). 융합하라: 상상하는 대로 이루어지는 컨버전스의 세상 (이주형, 조은경, 역). 서울: 베가북스. (원서출판 2013).

MacCannell, D. (1973). Staged authenticity: Arrangements of social space in tourist setting. *American Journal of Sociology, 79*(3), 589-603.

MacCannell, D. (1976). *The tourist: A new theory of the leisure class*. Oakland, CA: University of California Press.

MacIntyre, A. (1987). The idea of an educated public. In G. Haydon (Ed.). *Education and values: The Richard Peters lectures* (pp. 15-36). London, UK: UCL Institute of Education.

Maffesoli, M. (1997). 현대를 생각한다 (박재환, 이상훈, 옮김). 서울: 문예출판사. (원서출판 1993).

Marinko, G. I. (1990). 과학기술혁명이란 무엇인가 (홍종도, 옮김). 서울: 백산서당. (원서출판 1989).

McBurney, S. (1990). *Ecology into economics won't go: Or life is not a concept*. Bideford, UK: Green Books.

McCracken, G. D. (1990). *Culture and consumption*. Bloomington, IN: Indiana University Press.

McGuigan, J. (1992). *Cultural populism*. London, UK: Routledge.

McKercher, B., & du Cros, H. (2008). 문화유산 관광자원관리론 (조명환, 옮김). 서울: 백산출판사. (원서출판 2002).

Mikunda, C. (2005). 제3의 공간: 환상적인 체험을 제공하는 공간연출 마케팅 (최기철, 박성신, 옮김). 역. 서울: 미래의 창. (원서출판 2002).

Miles, S. (2003). 현실세계와 사회이론 (박형신, 정헌주, 옮김). 서울: 일신사. (원서출판 2001).

Mitchell, A. A. (1979). Involvement: A potentially important mediator of consumer behavior. *Advances in Consumer Research, 6*, 191-196.

Mowforth, M., & Munt, I. (2008). *Tourism and sustainability: Development, globalisation and new tourism in the Third World* (3rd ed.). New York, NY: Routledge.

Munro, D. A. (1995). Sustainability: Rhetoric or Reality?. In T. C. Trzyna, & Osborn, J. K. (Eds.), *A sustainable world: Defining and measuring sustainable development* (pp. 27-35). Sacramento, CA: International Centre for the Environment and Public Policy.

Nadel, S. F. (1957). *The theory of social structure*. London, UK: Cohen & West.

O' Connor, J. (1974). *The corporation and the state: Essays in the theory of capitalism and imperialism*. New York, NY: Harper & Row.

Pang, B., & Lee, L. (2008). Opinion mining and sentiment analysis. *Foundations and Trends® in Information Retrieval, 2*(1–2), 1–135.

Pearce, D. G. (1980). Tourism and regional development: A genetic approach. *Annals of Tourism Research, 7*(1), 69–82.

Pepper, G. L. (1989). Book review of AIDS and its metaphors. *Health Communication, 1*(4), 261–264.

Peterson, R. A. (Ed.) (1976). *The production of culture*. Beverly Hills, CA: SAGE Publications.

Petty, R. E., & Cacioppo, J. T. (1981). *Attitudes and persuasion: Classic and contemporary approaches*. Dubuque, IA: Wm. C. Brown.

Philo, C., & Kearns, G. (1993). Culture, history, capital: A critical introduction to the selling of places. In G. Kearns, & C. Philo (Eds.), *Selling places: The city as cultural capital, past and present* (pp. 1–32). Oxford, UK: Pergamon Press.

Pieterse, J. N. (1995). *Globalization as hybridization*. In M. Featherstone, S. Lash, & R. Robertson (Eds.), *Global modernities* (pp. 45–68). London, UK: Sage Publications.

Pine, B. J., II, & Gilmore, J. H. (2011). *The experience economy* (Updated ed.). Boston, MA: Harvard Business Review Press.

Ponting, C. (2019). 클라이브 폰팅의 녹색세계사: 위대한 문명의 붕괴로 보는 환경과 인간의 역사 (이진아, 김정민, 옮김). 서울: 민음사. (원서출판 1991).

Poon, A. (1997). Global transformation: New tourism defined. In L. France (Ed.), *The earthscan reader in sustainable tourism* (pp. 47–53). London, UK: Earthscan Publications.

Porter, M. E. (Ed.) (1986). *Competition in global industries*. Boston, MA: Harvard Business School Press.

Portes, A. (1998). Social capital: Its origins and applications in modern sociology. *Annual Review of Sociology, 24*, 1–24.

Poster, M. (1998). 제2미디어 시대 (이미옥, 김준기, 옮김). 서울: 민음사. (원서출판 1995).

Putnam, R. (1993). The prosperous community: Social capital and public life. *The American Prospect, 13*, 35–42.

Putnam, R. (1995). Bowling alone: America's declining social capital. *Journal of Democracy, 6*(1), 65–78.

Rawls, J. (1975). *A theory of justice* (Rev. Ed.). Cambridge, MA: The Belknap Press of Harvard University Press.

Raymore, L. A., Godbey, G. C., & Crawford, D. W. (1994). Self-esteem, gender, and socioeconomic status: Their relation to perceptions of constraint on leisure among adolescents. *Journal of Leisure Research, 26*(2), 99–118.

Read, S. E. (1980). A prime force in the expansion of tourism in the next decade: Special interest travel. In D. E. Hawkins, E. L. Shafer, & J. M. Rovelstad (Eds.), *Tourism marketing and management issues* (pp. 193–202). Washington, DC: George Washington University.

Richards, G. (2000). 문화관광론 (조명환, 옮김). 서울: 백산출판사. (원서출판 1996).

Rifkin, J. (2001). 소유의 종말 (이희재, 옮김). 서울: 민음사. (원서출판 2000).

Ritzer, G. (1999). 맥도날드, 그리고 맥도날드화: 유토피아인가, 디스토피아인가? (김종덕, 옮김). 서울: 시유시. (원서출판 1993).

Ritzer, G. (2007). *The McDonaldization of society 5*. Thousand Oaks, CA: Pine Forge Press.

Robertson, R. (1989). A new perspective on religion and secularization in the global context. In J. K. Hadden, & A. Shupe (Eds.), *Secularization and fundamentalism reconsidered* (pp. 63–77). New York, NY: Paragon House.

Robertson, R. (1992). Globalization as a problem. In R. Robertson (Ed.), *Globalization: Social theory and global culture* (pp. 8–31). London, UK: SAGE Publications.

Robertson, R., & Chirico, J. (1985). Humanity, globalization, and worldwide religious resurgence: A theoretical exploration. *Sociological Analysis, 46*(3), 219–242.

Rojek, C. (1984). Did Marx have a theory of leisure?. *Leisure Studies, 3*(2), 163–174.

Rojek, C. (1993). *Ways of escape: Modern transformations in leisure and travel*. Basingstoke, UK: Macmillan.

Rojek, C. (2000). 자본주의와 여가이론 (김문겸, 옮김). 서울: 일신사. (원서출판 1985).

Rojek, C. (2002). 포스트모더니즘과 여가 (최석호, 이진형, 옮김). 서울: 일신사. (원서출판 1995).

Rothschild, M. L. (1984). Perspectives on involvement: Current problems and future directions. *Advances in Consumer Research, 11*(1), 216–217.

Saussure, F. de. (1960). *Course in general linguistics* (C. Bally, A. Sechehaye, & A. Reidlinger, Eds., W. Baskin, Trans.). London: Peter Owen.

Schmitt, A., & Van Biesebroeck, J. (2013). Proximity strategies in outsourcing relations: The role of geographical, cultural and relational proximity in the European automotive industry. *Journal of International Business Studies, 44*(5), 475–503.

Schutz, A. (1972). *The phenomenology of the social world* (G. Walsh, & F. Lehnert, Trans.). London, UK: Heinemann Educational.

Scott, W. R. (1998). *Organizations: Rational, natural, and open systems* (4th ed.). Upper Saddle River, NJ: Prentice Hall.

Shaw, S. M. (1994). Gender, leisure, and constraint: Towards a framework for the analysis of women's leisure. *Journal of Leisure Research, 26*(1), 8–22.

Simmel, G. (1968). *The conflict in modern culture and other essays* (K. P. Etzkom, Trans.). New York, NY: Teachers College Press.

Squire, S. J. (1988). Wordsworth and lake district tourism: Romantic reshaping of landscape. *The Canadian Geographer, 32*(3), 237–247.

Stebbins, R. A. (1982). Serious leisure: A conceptual statement. *The Pacific Sociological Review, 25*(2), 251–272.

Stebbins, R. A. (1996). Cultural tourism as serious leisure. *Annals of Tourism Research, 23*(4), 948–950.

Stokols, D., & Shumaker, S. A. (1981). People in places: A transactional view of settings. In J. H. Harvey (Ed.), *Cognition, social behavior, and the environment* (pp. 441–488). Hillsdale, NJ: Lawrence Erlbaum Associates.

Taylor, L. (1991). *The ethics of authenticity*. Cambridge, MA: Harvard University Press.

Taylor, C. (2001). 불안한 현대사회: 자기중심적인 현대 문화의 곤경과 이상 (송영배, 옮김). 서울: 이학사. (원서출판 1991).

Tenbruck, F. H. (1989). The cultural foundations of society. In H. Haferkamp (Ed.), *Social structure and culture* (pp. 15–35). New York, NY: Walter de Gruyter.

Thompson, J. B. (1991). The concept of culture. In J. B. Thompson (Ed.), *Ideology and modern culture: Critical social theory in the era of mass communication* (pp. 122–162). Redwood City, CA: Stanford University Press.

Tomlinson, J. (1996). Global experience as a consequence of modernity. In S. Braman, & A. Sreberny-Mohammadi (Eds.), *Globalization communication and transnational civil society* (pp. 63–87). Cresskill, NJ: Hampton Press.

Tomlinson, J. (1999). *Globalization and culture*. Chicago, IL: University of Chicago Press.

Turner, B. (1997). 시민권과 자본주의 (서용역, 박철현, 옮김). 서울: 일신사. (원서출판 1986).

Tylor, E. B. (1958). *Primitive culture: Researches into the development of mythology, philosophy, religion, art, and custom*. Gloucester, MA: Smith.

UNWTO. (1985a). *The state's role in protecting and promoting culture as a factor of tourism development*. Madrid, ES: World Tourism Organization.

UNWTO. (1985b). *The role of recreation management in the development of active holidays and special interest tourism and consequent enrichment of the holiday experience*. Madrid, ES: World Tourism Organization.

UNWTO. (2008). *Climate change and tourism: Responding to global challenges*. Madrid, ES: World Tourism Organization.

Urry, J. (1990). *The tourist gaze: Leisure and travel in contemporary societies*. London, UK: SAGE.

Urry, J. (1991). Time and space in Giddens' social theory. In C. G. A. Bryant, & D. Jary (Eds.), *Giddens' theory of structuration: A critical appreciation* (pp. 160–175). London, UK: Routledge.

Urry, J. (1995). *Consuming places*. London, UK: Routledge.

Urry, J. (2002). Mobility and proximity. *Sociology*, *36*(2), 255–274.

van Dijk, J. (2002). 네트워크 사회 (배현석, 옮김). 서울: 커뮤니케이션북스. (원서출판 1999).

Walker, G., & King, D. (2008). 핫토픽: 기후변화, 생존과 대응전략 (양병찬, 옮김). 서울: 조윤커뮤니케이션. (원서출판 2008).

Wang, N. (2004). 관광과 근대성: 사회학적 분석 (이진형, 최석호, 옮김). 서울: 일신사. (원서출판 2000).

Wapner, P. (1997). Governance in global civil society. In O. R. Young (Ed.), *Global governance: Drawing insights from the environmental experience* (pp. 65–84). Cambridge, MA: The MIT Press.

Warnier, Jean-Pierre. (2000). 문화의 세계화 (주형일, 옮김). 서울: 한울. (원서출판 불명).

Williams, R. (1983). *Keywords: A vocabulary of culture and society*. New York, NY: Oxford University Press.

Wilson, E. O. (2005). 통섭: 지식의 대통합 (최재천, 장대익, 옮김). 서울: 사이언스북스. (원서출판 1998).

Zinkhan, G. M., & Muderrisoglu, A. (1985). Involvement, familiarity, cognitive differentiation, and advertising recall: A test of convergent and discriminant validity. *Advances in Consumer Research*, *12*, 356–361.

Zukin, S. (1990). Socio-spatial prototypes of a new organization of consumption: The role of real cultural capital. *Sociology*, *24*(1), 37–56.

■민 웅 기

목원대학교 스톡스대학 창의교양학부 교수로 재직하고 있다. 고려대학교 대학원에서 사회학을 전공하여 문학박사 학위를, 한양대학교 대학원에서 관광학박사 학위를 받았다. 고려대학교 아세아문제연구소 연구원, 고려대학교 한국사회연구소 연구원, 덕성여자대학교 연구교수 등을 역임했다. 저서로는 '사이버공간과 문화', '공감의 상호작용을 위한 사회심리학', '사회문제의 이해(공저)', '인터넷 중독 상담과 정책의 쟁점(공저)' 등이 있으며, 번역서로는 '관광과 관광공간(공역, 대한민국 학술원 선정 우수학술도서)' 등이 있다. 문화콘텐츠산업, 문화관광, 문화사회학, 사회심리학 등의 분야에 관심을 가지고 연구를 진행하고 있다.

포스트모던 시대의
문화콘텐츠와 체험문화

2021년 2월 20일 초 판 인쇄
2021년 2월 26일 초 판 발행

저　자 민 웅 기
발행인 한 인 환
발행처 도서출판 **기 문 사**
등　록 1978. 8. 9. NO. 6-0637
주　소 서울시 동대문구 안암로 50-1(용두동) 홍신빌딩 3층
전　화 02) 2265-7214/922-8662~8663
팩　스 02) 922-8772

homepage : www.kimoonsa.co.kr
e-mail : book@kimoonsa.co.kr

ISBN : 978-89-7723-882-4 93330

저자와의 협의하에 인지생략

정가 : 12,000원